坂本政道

ピラミッド体験

開示された古代の英知

ハート出版

まえがき

エジプトのギザにある3大ピラミッドは、古来から世界の7不思議のひとつに数えられている。誰が、いつ、どういう方法で建造したのか、さまざまに推測されてきているが、誰にも本当のところはわからないというのが真実である。

ピラミッド構造そのものに何か特別な効果があると考える人もいる。いわゆるピラミッドパワーである。ピラミッドパワーが注目され、ピラミッド構造をした瞑想施設や、その他いろいろなアイテムが一世を風靡したことがあった。ただ、効果についてははっきりしたことがわからないうちにブームも去り、世間の興味も失われてしまった感がある。

こういう状況であるが、私は数年前からあえてピラミッド構造の研究を、ある研究機関と共同で行なってきている。

私はモンロー研究所の開発したヘミシンクという音響技術を用いて、死後世界の探索や宇宙探索、時空を超えての探索などを行ない、その体験をこれまでに本に著してきた。

その過程で、ピラミッド構造の研究の持つ大きな意義を認識するに至ったのである。特にこれからの人類のアセンションにとって鍵になる「装置」として、ピラミッドの謎を解明していくことが何よりも重要であると認識するようになった。

本書は、まずその辺の経緯からお話しする。そして、実際に一辺2メートル弱のピラミッドを作り、2009年12月より、その中で連日のようにヘミシンクを聴いていった。その体験を本書の後半で紹介する。

このピラミッドはその表面にフラクタル・パターンを設けたものである。2008年11月にアメリカでダリル・アンカに会い、彼をチャネラーとして、バシャールという生命体と交信する機会があった。このときの交信録は『バシャール×坂本政道』（VOICE）として出版されているが、そのときに助言されたのが、このフラクタル・パターンを付けたピラミッドである（フラクタル・アンテナ付きピラミッドと呼ぶ）。これを付ければ2～3メートルの大きさのピラミッドでも、大ピラミッドと同じ効果が得られるとのことだった。

本書の後半でそのピラミッド内での体験について語るが、その前に実はひとつどうしてもお話ししなければならないことがある。

それは、ラッシェルモアのことである。ラッシェルモアはダークサイドの皇帝を名乗り、地球上空の非物質界にいて、人類に影響を及ぼそうとたくらんでいるネガティヴな異星人である。彼のことは拙著『2012年　目覚めよ地球人』や『分裂する未来―ダークサイドとの抗争』（共にハート出版）で紹介した。彼についてはネガティヴな存在であることがわかったため、その後はコンタクトしないことに決めていた。

ところが、２００９年10月に屋久島に行きヘミシンクを聴くという機会があった。そこで屋久島の非物質界に住する高次の意識存在たちと交信した。そのときの体験は『屋久島でヘミシンク』（アメーバブックス新社）に書いたので読まれた方もいらっしゃると思う。

その交信でわかったのは、実は屋久島の高次の意識存在たちは太古におけるオリオン（本著では、三つ星を含むオリオン座の星々を指す）での大戦から地球へ逃れてきていたということだ。そして、彼らの息子のひとりがラッシェルモアであり、オリオンでダークサイドの皇帝になったというのだ。

そして彼らは私に、ラッシェルモアをダークサイドから救出してくれないかと懇願するのであった。なぜ私なのか、という疑問を抱いて私は屋久島から帰宅した。そこで、この本は終わっていた。

その後２００９年11月にスターラインズとスターラインズⅡというモンロー研のヘミシンク・プログラムを熱海で開催し、その中でラッシェルモアといよいよ対峙することになった。それは12月にピラミッド体験を始める前のことでもあるので、本書の前半でお話しする。

本書は、私がヘミシンクという方法を使って未知領域の探索を始めて以来書き進めてきている体験記の一遍である。それはモンロー研究所を初めて訪れた２００１年４月に始まった。

『死後体験Ⅰ～Ⅳ』（ハート出版）には２００１年４月から２００７年６月までの体験が記されている。

『２０１２年　目覚めよ地球人』（ハート出版）には２００７年11月から２００８年８月まで。

『バシャール×坂本政道』（ＶＯＩＣＥ）に２００８年11月のバシャールとの対談。

『分裂する未来―ダークサイドとの抗争』（ハート出版）には２００９年１月から２月まで。

『屋久島でヘミシンク』（アメーバブックス新社）には、２００９年10月の屋久島での体験。

そして、本書は２００９年２月以降、２０１０年２月までの記録を収めている。

これらは、『死後探索１～４』（ハート出版）の著者ブルース・モーエンの言葉を借りれば、未知の海原へ乗り出していった者が綴った航海記のようなものである。航海はまだ終わってはいない。

本書はフラクタル・パターンの付いたピラミッド構造内でのヘミシンク体験について、途中経過を報告するものである。

２０１０年２月
坂本政道

なお、本著で使用しているヘミシンク用語についての説明は、本文最後にまとめてあるので、参考にしていただきたい。あるいは、拙著『死後体験シリーズ』なども参考になる。

坂本政道 ピラミッド体験
開示された古代の英知

目次

1章　ピラミッド研究の発端と経緯

寝耳に水の話

私がピラミッドについて研究するようになったのは、２００５年３月に参加したモンロー研究所のスターラインズというヘミシンク・プログラムでの、ある出来事がきっかけだった。

このときの体験については、拙著『死後体験Ⅳ　２０１２人類大転換』（ハート出版）に書いたので、詳しくはそちらをご覧いただくとして、ここには、その経緯をざっと書くことにする。

スターラインズでは太陽系を離れ、宇宙のさまざまな星や銀河を探索する。

3月15日、オリオン座の星々を探索するセッションでのことである。セッションの後半部は太陽系近辺のローカルバブルと呼ばれる領域を探索する。この領域には、オリオン座の星々やプレアデス星団、シリウス、ヴェガ、アークトゥルス、ケンタウルス座アルファなど、地球から見て明るい星のほとんどがある。地球の周囲1000光年ほどの範囲にある領域である。

オリオン座の三つ星がエジプトのギザにある3大ピラミッドの位置関係と類似していることから、エジプトのピラミッドがオリオン起源ではないかという憶測がある。これはロバート・ボーヴァルが最初に唱え、グラハム・ハンコックにより『神々の指紋（上）（下）』（小学館文庫）で紹介されたので、大いに注目されるところとなった。

このセッションで私はそれについて調べることにした。セッションの後半部での体験を紹介する。

次に指示で、ローカルバブル内で自由行動。ローカルバブルとは、太陽系のまわりの数百光年の空間にわたって星間物質があまりない空間が広がっているが、その領域を指す。その中にあるさまざまな星を探索していい。

ただ、今回はどこにも行かずに、質問することにした。

ピラミッドの歴史について教えてもらうことにする。

すると、砂漠が見え出した。そして解説が始まった。

「2万年ほど前、プレアデスと一部オリオンの生命体たちが共同で造った。非物質界から物質界へ具現化して造った。目的は、人類がいつの日か進歩してこの方法を解明するように。この方法はピラミッドの構造（外部および内部）、ピラミッドの地球上での位置の持つ意味にヒントとして隠されている。生命エネルギーを活用して、具現化する方法である。宇宙空間内の航行方法についても隠されている。

これがわかることで、あるいはこれを解明していくことで、人類の霊的な進化が進められる。ヘミシンクよりもすばらしい方法である。次の次元へ進むことが可能になる。あなたはその（ピラミッドの構造の意味、生命エネルギーの具現化法）解明のために生まれてきた」

「え？　そんな。まったくわからないが」（以下、略）

私としては、ピラミッドの謎を解明するために生まれてきたと言われても、まったくの「寝耳に水」だった。それまでピラミッドにそれほど興味を持っていなかったからだ。「ヘミシンクの普及が自分の生まれてきた目的だ」と言われれば、はいそうですか、と納得したろうが、この時点でピラミッドのことは眼中になかった。

というわけで、予期していないことを言われたのだが、なぜか、これは本気でやらなければいけない、という強い思いを持った。何か心に響くものを感じたのかもしれない。

当時の私は、こういう高いフォーカス・レベルで得た情報に対して、「疑う」ということをしていなかった。今なら、高いフォーカスといえどもさまざまな存在がいて、中にはネガティヴな存在もいることがわかっている。だから、言われたことをそのまま鵜呑みにすることは避けるようになった。ただ、当時はそういう知識がなかったので、そのまま受け入れていた。

今から思うと、一体だれに言われたのか、どういう素姓の存在だったのか、疑問がある。が、「質問をして、答えを得た」というパターンは、ガイドから答えを得る場合に一般的なことを考えると、行動を共にしていたガイドのひとりが答えたような気がする。

私の場合、どうもガイドというのはあまり表に出てこないのだ。何か自分の高次の部分のような感じもしていて、自問自答に近い形で答えやメッセージを得ていることがほとんどなのだ。

ということで、ピラミッドの謎を解明しなければならない、と心に決めたのであるが、具体的に何をしたらいいのか、皆目見当がつかなかった。

実は、この1月前、2005年2月15日にアクアヴィジョン・アカデミーをヘミシンク普及のために立ち上げたばかりだった。最初のゲートウェイ・ヴォエッジを6月に控え、その準備で急速に忙しくなっていた。

その年は結局、モンロー研で3回日本人対象のゲートウェイ・ヴォエッジを行なった。その後も、年に3回から4回のペースでモンロー研での日本人対象のプログラムを行なった。

また並行して、国内でのヘミシンク・セミナーも開催した。

そういう事情があり、とてもピラミッドの研究に時間を割くことはかなわなかった。

そんな中2006年3月に参加した4度目のスターラインズでは、3月8日のセッションでピラミッドについて以下の情報を得た。フォーカス49で我々の属するおとめ座超銀河団内で自由行動というセッションである。

そこはどこかの惑星の上だ。ニューヨークのような高層ビルがいくつも建ち並ぶ都市だ。

ふと見るとその中にピラミッドがある。興味を引かれ、そこへ向かう。

そばに行くと、ふたりの男性が座禅のポーズで瞑想している。ひとりは頭がツルツルに禿げ、頬が少しこけて、いかにも高僧という風貌をしている。

そうだ、ピラミッドの原理について教えてもらおう。

ここから以下、実際には会話の形で情報を得たが、結果をまとめて書くことにする。

「ピラミッドは瞑想者が生命エネルギーを瞑想でてっぺんから内部へ流し込むことで機能する。中へ入ったエネルギーはピラミッドの形によって、何度も内部で反射され増幅される。このエネルギーは適切な場所に置かれたコイル内を通すことで、電磁誘導と同じやり方で、電流に変換される。つまり電気エネルギーとして取り出すことができる。

形が重要だ。増幅率が大きく異なる。先ほどから液体のようにぬるぬるしたピラミッドが見えると思うが、内部を液体で満たすと効率が上がる。が、その必要はない。

表面の材質は金属や石英のようなものでよく、重要な点は表面の精度。正確にある角度にし、表面の粗さが少ないほうがいい。

地球上での位置は、緯度19度いくらがいい。この位置はネットでも出ているが、地球自体が生命エネルギーの増幅器の働きをしていて、その角度から大きなエネルギーの流れが出ているので、その場所にピラミッドを作ると、効率がいい。ピラミッド自体は大きいほどいい。

人間の覚醒について。

生命エネルギーが人間の覚醒を促進する。そのため、ピラミッド内で適切な位置に立つか、座禅のポーズで座り、生命エネルギーを流すようにすると、覚醒が促進される。具体的な位置については、瞑想して考えてほしい。情報を得たければ、いつでもイーメールしてくれ」

「え？」

「冗談だ。質問してくれれば、お答えする。コンタクトはできるはずだ。ここはアンドロメダ銀河内にある惑星だが、わざわざここまで来なくても、あなたのそばにもピラミッドを使っているところはいくらでもある。プレアデス、オリオン、シリウスなどだ」

こういう情報は得たものの、多忙につき実験に取り掛かることはできなかった。

ある研究機関との共同プロジェクト発足

ただ、じっとしているわけにもいかない。いろいろ考えた挙句、２００７年1月、親しくなっていたモンロー研究所長スキップ・アットウォーターにメールを出した。その中で、ピラミッド研究のためのプロジェクトを提案し、そのための費用として１００万ドルほど個人的に投資したいという話を提示した。

スキップは、何度かメールのやり取りの後、この研究はモンロー研には適していないという判断を下した。モンロー研はアカデミックな人たちの理解を得てここまで来ているので、突然敷地内にピラミッドが建ったら、支持されなくなること、また地元の人からも誤解される恐れがあるというのが理由だった。

この理由は理解できた。モンロー研はやはり科学的なアプローチで医学関係者や教育関係者らのサポートを得ているところがある。ピラミッドはこれまでのスタンスとあまりに違いすぎるのだ。

というわけで、モンロー研に断られて、これで国内でやる決心がついた。と言っても、自分ひとりでやるには時間がまったくないので、どこかこういう研究を既にしているところと共同で研究するのがいろいろな意味で早い。科学的な見地からの研究を真面目にやっているところだ。だが、そういうところは思い当たらなかった。

そういう中、２００７年３月、個人的には5回目のスターラインズに参加した。

３月７日、クラスター・カウンシルと会うセッションで、クラスター・カウンシルから以下のことを言われる。ここでクラスター・カウンシルとは、非常に高い意識レベルにある我々の集合意識を代表する存在たちである。

「時間が差し迫っている。お金の心配は一切いらない。10億円でも用意できる。ピラミッドの研究についても心配はいらない。さまざまな手助けがあるのだ。いろいろな人が同時に並行して進んでいく」

あなたがやらなくてもほかにやる人がいるという印象だ。

「実際に具体化するのは末端のあなた方人間たちだ。我々はいろいろアレンジできるが、実際に具体化はできない。我々はみなあなたに大いに感謝している。人間には自由意志があるので強制はできない。そういう意味ではあなたのほうがこちらよりも強いポジションにある」

そんな2007年6月のある日、ふとひらめくものがあった。某研究機関のことをである。この機関の理事長をしているX氏には2005年の2月にお会いしていた。その後、特に連絡はとっていなかったので、その機関のことをすっかり忘れていたのだった。

早速X氏に電話し、ピラミッドの共同研究プロジェクトを提案した。先方は非常に乗り気で、予備実験をいくつか行なった後、プロジェクトの詳細を詰め、プロジェクトは2007年10月1日に正式にスタートした。このプロジェクトの概要は以下である。

第1フェーズ（段階）を2年間とし、ピラミッドを使っての発電メカニズムの解明と意識への影響について研究を行なう。研究費を個人的に提供する。研究者を非常勤、常勤の計5

名採用する。成果が出れば、さらに実用化へ向けた3年間の第2フェーズに進む。
その後2年が経過し、2009年10月から第2フェーズへ進んでいる。

バシャール（ダリル・アンカ）との対談

2008年11月、出版社のVOICEの企画でバシャール（ダリル・アンカ）とロスで対談することになった。この話は天から降ってきたような絶好の機会を提供してくれた。ピラミッドについてバシャールに詳しく聞くことができたのである。実際、この対談はガイドやクラスター・カウンシルがアレンジしたものだと思う。

ここで得た情報の詳細は、『バシャール×坂本政道』（VOICE）に譲るとして、ここではその中のピラミッドに関係するものをいくつか紹介する。

（1）古代エジプトでは大ピラミッドの中で9日間ほどかけて儀式を行なうことで、振動数を高め、当時導いていた異星人と同じレベル、つまり18万ヘルツ（回／秒）まで引き上げることができた。これは第4密度のレベルである。
（2）2〜3メートルの小型のピラミッドでも側面の表面を金属製のフラクタル・パターンで覆えばエジプトの大ピラミッドと同じ効果が得られる。
（3）中で行なう儀式（手法、手続き）は、その人が効果があると信じているものであればいい。私の場合はヘミシンクを聴くことでいい。

ここで、密度と振動数について少し補足する。

宇宙のあらゆる存在はみな学びの過程にあり、その段階に応じて密度が異なる。第1密度から上へ上がるにつれて、濃い密度から薄い密度へと移行していく。我々人類は第3密度のレベルにいる。

それはまた振動数という尺度で測ることもできる。第3密度は振動数で言うと、6万から15万ヘルツに相当する。ヘルツとは1秒間に何回振動するかという回数を表す単位である。その上の第4密度は18万から25万ヘルツである。第3と第4の間には移行領域（15万から18万）がある。

我々人類はこれから数10年かけて第3密度から第4密度へ移行していくと言われている。その過程を手助けするのがピラミッドの役割だということである。

フラクタル・アンテナ付き小型ピラミッドの作成

早速、共同研究機関に小型のフラクタル・アンテナ付きのピラミッドを作ってもらうことにした。まず手始めに一辺の長さが90センチほどのものを試作した。表面は小さな三角形の銅板を張り合わせる。業者の見積もりを取り、発注し、さらに手作業で銅板を張り合わせる。

こういった作業は手間がかかり、実際に完成したのは、２００９年2月9日だった。

ところが、私のほうは多忙につき、ヘミシンクを聴く時間はまったくとれなかった。このフラクタル・アンテナ付きピラミッドは当面、起電力や植物への影響を調べる実験に使わることになる。

ようやく私の時間ができて、この小型ピラミッド内でヘミシンクを聴いたのは２００９年の7月に入ってからだった。

さらに、約2倍の大きさを持つフラクタル・アンテナ付きピラミッドが２００９年11月4日に完成した。製作コストを下げるため、これには銅板ではなくアルミ板を使ってある。

バシャールの言う2~3メートルには少し及ばないものの、何らかの効果を確かめることができるに違いない。

11月5日にさっそくこのピラミッド内でヘミシンクを聴いた。その後は、6日から18日までスターラインズ開催のために熱海へ行かなければならなかったので、本格的に実験を開始したのは２００９年12月に入ってからだった。

以上がピラミッド研究のここまでの経緯である。

ピラミッドには大きく分けて2つの効果があると言われている。ひとつは意識に対する効果、もうひとつは電磁エネルギーの増幅効果である。

本書では、前者について、つまり、フラクタル・アンテナ付きピラミッド内でヘミシンクを聴くことで意識にどういう変化が起こるのかについて、私のここまでの体験を報告したい。

後者については別の機会に報告する予定である。

次の章から具体的な体験内容をお話ししていくが、ピラミッドを使っていない、通常のヘミシンク体験も含めてお話ししないと、大きな流れがわからなくなってしまう。ヘミシンク体験とは面白いもので、いくつもの体験が合わさって大きなストーリーを形作っていく。そのひとつだけ取り出してきても、よくわからないことが多い。だから、ここでは、ピラミッド内での体験も、それ以外の体験もそのまま時系列に紹介していくことにしたい。そうしないと、話の流れがわからなくなってしまう。

特に２００９年10月に行った屋久島でのヘミシンク体験は、後へのつながり上、非常に重要な位置を占めている。詳細は、『屋久島でヘミシンク』（アメーバブックス新社）に紹介したが、読まれていない方のために後ほど概要を紹介することにした。

本書はそのさらに前、２００９年２月にさかのぼって始まる。『分裂する未来―ダークサイドとの抗争』（ハート出版）に紹介した最後のエピソードが２月９日の体験だった。本書は２月16日の体験からスタートする。

2章 バシャールとのさらなる交信

『分裂する未来―ダークサイドとの抗争』にお話ししたように、私はバシャールと個人的に交信できるようになっていた。

私の方法は、ダリル・アンカがバシャールをチャネルするときの独特の話し方を思い出して、まずダリル・アンカ（バシャール）との会話を想像する。始めは単なる挨拶から入り、そこから本物の会話に入っていく。出だしは英語でやるのだが、途中から日本語でも英語でもどちらでもよくなってくる。

実はバシャールとの交信はそれほど難しくない。2009年10月からアクアヴィジョン・アカデミーで「バシャールとの交信コース」という1日コースを教えているのだが、8割以上の方が交信できるようになっている。

面白いことに、多くの方は、私の方法ではなく、イメージを想像する方法でコンタクトし、交信できている。

その方法は、バシャールの宇宙船（黒地に黒の三角形で、縁が青く光っている）をイメージし、その中へ入ってバシャールと会うというものである。へミシンクを聴いた状態で、これを行なうのである。

バシャールはいわゆるグレイと呼ばれる宇宙人と人類の混血（ハイブリッド）なので、グレイのような小さな宇宙人と実際出会う人が多い。

交信はひと言ふた言の場合もあれば、会話という形をとる人もいる。何かのイメージや画像、映像、シンボルをもらう人もいる。ひらめきやわかったという形で情報を得る人もいる。情報の塊を一度に受け取る人もいる。このように実際の交信にはいろいろな形がある。

いずれにせよ言えることは、これまでのように特定のチャネラーと呼ばれる人を通して情報が伝達される時代から、個々人が直接情報を受け取る時代へ、大きく変化してきているということである。これも人類意識の大きな変換のひとつの現われだと思う。

以下に２００９年２月以降のバシャールとの交信記録の一部を紹介したい。

２００９年２月16日（月）――花粉症について

夜11時過ぎ、風呂の中。バシャールとコンタクト。

「おとといぐらいから花粉症が始まったんですが、今日はこういうアレルギーについて聞きたいと思います。原因はなんですか？」

「アレルギーというのは、外界からの刺激に対する防衛反応が過剰になっている状態である。もともとの原因は、本来、体の中にあるべきでない物が体内に常にあるようになっていることが原因だ。たとえば、化学物質。シックハウスの原因となる物質や、食物に入っている化学物質、空気汚染である。ホルムアルデヒドなど本来体内にあるべきでない化学物質が長期にわたり体内にあると、それを排除しようとする作用が、あるところから、花粉など外界から体内に入ってくる異物に対して過剰な反応を引き起こすようになる。

だから、きれいな空気を吸い、化学物質に汚染されていない、あるいは人工の化学物質を使ってない自然な食物を摂るようにするといい。そうすれば、数年かけて徐々にアレルギー反応が収まっていく。

田舎に住んでも、花粉はかえって多かったりするので、解決にならないこともある。

あなたは、過去世がらみの詰まりを相当除去したので、エネルギーの流れがかなりよくなった。これと花粉症のことは直接は関係しないが。我々と交信することで、振動数が高まってきている。ますます交信はしやすくなり、それがさらに振動数を高めていく。

今後、食べ物の好みが変わってくるはずだ。酒やコーヒーよりは炭酸水とかを好み、野菜を多く食べるようになる。自然にそうなっていく」

２００９年３月22日（日）　Ｆ27体験コース２日目――さらなる救出活動

午後の救出活動のセッション。ヘミシンクを聴きながら、ガイダンスを無視して、初めからバシャールにコンタクトする。今回は座禅のポーズで座ってやる。


「自分の救出を行ないたいです」

「これまでに90%救出できた。残り10%を救出したいか」

「はい」

しばらくすると、うっすらとイメージが見えてきた。平安時代のころの男性で、烏帽子《えぼし》をかぶり、座っている。百人一首の絵に出てるような衣服を着て、両手で杓《しゃく》？ をもって座っている。

貴族か武士だ。……役人をやってた貴族だ。和歌を詠《よ》んだりしていた。

赴任先で、飢饉のために農民の暴動が起こり、そのために左遷された。失意のうちに死んだ。名前は……橘だ。

寝殿造りの屋敷が見える。その中の部屋。四方を御簾《みす》に覆われた中に座っている。和歌を作ろうとして、うまくできず気がめいっている。

そうだ。友人の姿になっていくことにしよう。近づいていく。

「おー、かずともではないか」

京都弁だ。

（実際の言葉は古語で京都弁のアクセントだが、ここの記録には思い出せないので現代語にする)。

「外へいっしょに行こう。牛車が待ってる」

と私は言う。私も京都弁になってる。

外へ出る。

「なんだかすごく久しぶりのような気がする」

と男が言った。そのまま牛車へ入る。

「今宵は満月の宴が催されるので、そちらで歌を詠みましょう」

そう誘い、そのまま上へ上がっていく。

「ここで帰っていいですよ」

とヘルパーが言うのが聞こえた。

次の救出へ向かう。

「あなたは古代の戦士だ。モンローと関係がある。あなたは背の高いどもりの男だ」

この男はモンローの本に出てくる（『魂の体外旅行』（日本教文社）P179）。

モンローと3人で共に戦った仲間のひとりだ。もうひとりは……知人のタイさんだ。彼はがたいのいい男だ。

3人でいつもいっしょだった。ローマ時代か、我々はバーバリアン（未開人）だ。

自分は敵の落とした大きな岩の下敷きになって死んだ。他の2人もこのときに死んだが、どういう死に方かはわからない。

自分は妻のことが心配で、妻のところへ戻って、そこに囚われてしまった。

妻は体に障害がある。寝ているのが心配だった。ぼろ屋が見える。わらを敷いたベッド。

妻を捜しているがいない。

「どこに行ったんだ、おまえ、だいじょうぶか」

そのままの状態でそこに囚われてしまった。

「あなた、私はここよ」

「えっ？　そこにいるのか？」

「こちらへ来てください」

男は女と抱き合う。

「外へ出ましょう」

ふたりは外へ出て行った。

２００９年３月30日（月）――グレイとは

今回はバシャールにグレイと呼ばれる存在について聞く。バシャールによれば、彼らは未来のネガティヴな地球からやってきたということだ。我々はいくつもあるパラレルワールド（並存する世界）の中のひとつを体験していると言う。

「ご存知のように、今現在でもパラレル地球はいくつも存在する。その中にはネガティヴなものもいくつもある。その中のひとつを、人類の何割かは2012年を越えた先で体験することになる。

このネガティヴな地球は、1929年の大恐慌後の世界に似ている。世界はブロック経済になり、21世紀の後半には次第に帝国主義的になって互いに戦うようになる。北米、中国、ロシア、インド、イスラム圏、ヨーロッパ。

日本はこの中でけっこううまく独立を保っている。ヨーロッパはロシアの侵略を受け、それを守ろうと米国が進出し、戦場になる。中国も入る。

その後、ひとりの皇帝が現れ、世界は彼の元に統合される。

それを良しとしない人たちは地下へ逃げることになる。それがそのまま進化してグレイたちになった。目は大きく、体はきゃしゃで小さい。これは地下での生活に適応したためだ。

その後、彼らは地上へ出て、帝国を倒すことになる。ただ、彼らの生殖能力が退化していくプロセスは止められなかった」

以上、バシャールとの交信をいくつか紹介した。以下はバシャールとの交信ではないが、ヘミシンクを聴いていたときの体験で、本書と関係のあるものをいくつか紹介する。

2009年4月25日（土）F35体験2日コース初日

地球コア探索セッション――4番目の空間次元

地球コアに着いた。しばらく真っ暗なままだ。特になにも見えるわけでなく、なにかが感じられるわけでない。ちょっと集中が切れて、ぼーっとしていた。

すると突然目の前に何かの存在がいるのが感じられた。

「さっきから目の前にいたんですが、ぜんぜん気づいてくれなくて」

「そうだったんですか、すみませんでした」

「マス(マスとは私のニックネーム)にぜひお伝えしなければならないことがあります。あなたは地球がこれから物理学の意味で3次元から4次元に移行するという話を信じていませんが、この話は本当です。精神世界上の意味だけでなく、物理学の意味で3次元から4次元になるのです。それに伴って人類も4次元的な存在になっていきます。

この場合の4番目の空間次元は、体外離脱で肉体から抜け出る方向です。つまり非物質界の方向です。

人間が4次元の存在になるという意味は、非物質界のことも把握できるようになるという意味です」

ここでこの存在に最初に言われたように、私は精神世界で言われている3次元とか4次元ということと、物理学での3次元、4次元ということを切り離して考えていた。精神世界に関する本では、人類は今3次元の存在だが、今後、4次元あるいは5次元の存在になるとよく言われている。バシャールは次元の代わりに密度という言葉を用いる。両者は微妙に異なる概念を表している。

私は精神世界の人たちが使う次元という言葉と、物理学で言う次元とはまったく異なる概念だと思っていた。その理由として、精神世界で言うと、動物は2次元にいることになるが、動物は物理学で言うところの2次元、つまり平面に住んでいるわけではない、あくまで3次元にいるからだ。

この問題はさておき、このメッセージは、人類が3次元的な存在から4次元的な存在になるという場合、物理学での4次元、つまり空間次元がもうひとつある世界がわかるような存在になる、という意味だと言ってるのだ。

その4番目の空間次元は、体外離脱で抜けていく方向だという。体外離脱時に肉体から抜け出る方向は、この3次元の物質空間内にはない。つまり縦、横、高さのいずれでもない4番目の方向である。これは非物質界の方向とも言える。

通常物理学では時間を4番目の次元としている。これを考慮すると、この4番目の次元は空間次元としての4番目ということになる。

このメッセージによると、我々は今後、この4番目の空間次元が認知できるようになるということだ。つまり、体外離脱が一般化し、誰もが、これまで知覚できなかった新たな方向が知覚できるようになるのである。

２００７年４月26日（日）Ｆ35体験２日コース２日目
Ｉ／Ｔｈｅｒｅのセッション――Ｉ／Ｔｈｅｒｅとの共鳴

このアクアヴィジョン主催２日コースでは、Ｆ21のピラミッドタワーと呼ばれるところから直接Ｆ35へ行き、そこを体験する。自分のＩ／Ｔｈｅｒｅへアクセスしたり、地球の周りのＦ35へ来ている地球外生命体（ＥＴ）と交信したりする。


Ｆ34／35でＩ／Ｔｈｅｒｅにコンタクトする。

男性のガイドと話す。そして共鳴状態に入る。それはいっしょに考えている状態だ。自分の考えのように相手の考えがわかる。

そこに女性のガイドが加わった。

「そうよ。私もいっしょに共鳴するの」

全体で共鳴すると、全体としての意識で、ひとつになって考える。何か質問があると、全員で一つになって考え、しばらくして答えが出る。

そこには莫大な知識がある。アカシック・レコードにもアクセスできる。だから得た答えは正しい。

Ｉ／Ｔｈｅｒｅクラスターにもアクセス可能だ。

これは巨大な脳のようなものだ。

あるいは、銀河系のようなものだ。個々の星は個々の人。全体として、銀河系の意識というものがある。

さらに、別のガイドが加わった。

「あなたの長年の疑問が解けたね。個と全体の関係についての疑問だ」

モンローによれば、I／Thereの「各人格はそれぞれ、個人としての認識力、精神、記憶を持つ、意識・感覚をそなえた存在でもある」（『究極の旅』日本教文社 P166）。つまり、I／Thereは別々の個人の集合であるということだ。ところが、同時に、ひとつの集合意識に融合しているとも言われている。

それは一体どういう状態なのか、かねがね疑問だった。

今回のセッションでわかったことは、こういう別人格のI／Thereのメンバーたちの意識は共鳴状態にあるということ。つまり、みなでいっしょに考え、感じているのだ。別々の意識なのだが、互いに共鳴し合うことで、ひとつの意識になっている。それはひとつの集合意識と呼んでいい状態なのである。

ETとの交信セッション

F34／35到着。何かの存在が感じられるので、交信開始。

それは、ケンタウルス座アルファから来た生命体とのことだ。

「物質文明として、技術的には人類の1万年先を行ってる。以前にあなたに会ったことがある。高度にハイテク化が進んでいる。過去には戦いがあった。今はポジティヴだ」

そういう情報が流れ込んできた。

「地球人類がそうなるための何かヒントはないですか」

「Be positive（ポジティヴに考えなさい）。バシャールの教えだ」

前にその星の建物を見たことがある。地球上のようなビルだった。

続けて以下の情報が来た。

「我々はプレアデスから来て、この星に文明を興した。人類型だ。ケンタウルス座アルファは二重星だが、軌道が安定しているところがある。（以前、ネットで調べたときに出ていたとおりだ）

ここ（F34／35）へは、物質的に来ている。人類の中には、こちらと地球の両方を渡り歩いているのもいる。

地球と同じくらいの大きさ。人口は5億人。今は3次元だが、4次元へ移行中」

「この交信が本当だという何か証拠はもらえないですか?」

「Your future depends on you, your choice（あなた方の未来は、あなた方の選択次第だ」

I／Thereのセッション——目印の音は?

バシャールの場合は、ダリルの話し方を思い出せば、コンタクトでき、彼らとの共鳴状態に入れるが、I／Thereと共鳴するには、何を思い出せばいいのだろうか?

何か目印となる音はないのか。

どうも私は音を思い出すことで、そこにつながるということがしやすい。イメージを思い出すというよりも音だ。

「何かその目印になる音はないのですか?」

そう聞くと、ふと、ワンワンワンワンワン……という高音の振動音を思いついた。

One One One。ひとつ、ひとつ、ひとつ。

我々はひとつだというダジャレだ。


セッションが終わった段階で、ひどいめまいがする。そしてイメージが見える。

自分の頭の上にロート状のものがあり、それがガラスの管を通して頭のてっぺんにつながっているのだ。

つまり、I/Thereとのつながりが太くなって、エネルギーが流れ込んだので、エネルギー状態が変わり、めまいがするのだ。

2009年5月8日(木) F35体験2日コース2日目
ETとの交信セッション――私の名を呼ぶように

坐禅のポーズで聞く。

セッションの目的はＥＴとのコンタクトだが、Ｉ／Ｔｈｅｒｅとコンタクトを図る。

「私たちと共鳴を作るようにしてください。振動に、音に合わせるように」

「どの音に？」

よくわからない。

「私の名前を呼ぶように」

「え？　誰の名前ですか？」

称名念仏《しょうみょうねんぶつ》のことを言ってるのだろうか。

「だんだん合ってきたわ。これまでは振動が合ってなかったので、ここまで来ることはあっても、交信はなかなかできてなかった。前回うまく一致して、あのときは、愛のエネルギーが流れ込んだわ。**私たちと共鳴すれば私たち経由で宇宙からもエネルギーが入ってくる**の（宇宙とも共鳴し？）」

共鳴するとエネルギーが流れ込む。流れ込むと、障壁が取れてゆく。取れるような日常での体験も増えてくる。加速度的に卒業のプロセスが進む。

共鳴はＣ１でもできる。Ｆ35である必要はない。

仏教に「称名《しょうみょう》」という言葉がある。仏の名を唱えるということだ。浄土系仏教では、南無阿弥陀仏の６文字を名号といい、それを唱えることを称名念仏という。

Ｉ／Ｔｈｅｒｅで言われた「私の名前を呼ぶように」という言葉の真意はわからない。

この章でわかったことのまとめ

（1）I／Thereのメンバーの意識は共鳴状態にあり、みなでいっしょに考え、感じている。

（2）自分がその共鳴状態に入ると、I／There経由で宇宙から愛のエネルギーが流れ込む。

（3）共鳴するには、I／Thereの振動、音に合わせることが必要。

（4）それには、彼らの名前を呼ぶ？

3章 フラクタル・アンテナ付き小型ピラミッド ポイントはピラミッドとの共鳴だ

一辺90㌢の小型ピラミッド（フラクタル・アンテナ付き）が２００９年の2月の段階で出来上がっていたのだが、なかなかヘミシンクを聴く時間がとれなかった。やっと7月に入り、時間的な余裕が少し出てきた。

　写真のように４つの三脚で支えて、その中に座る。三脚の高さを調節することで、ちょうどピラミッドの底面から3分の1の高さのところに、第3の目が来るようにした。バシャールの言う2～3メートルの大きさには届かないが、何らかの効果は得られるかもしれない。ピラミッドの4辺は磁石の東西南北に正確に合わせて設置してある。以下、このピラミッド内でのヘミシンク体験を綴る。

2009年7月2日（木）11：20より――アクアヴィジョンのロゴの秘密

南向きに座る。ボーズのノイズキャンセリング・ヘッドフォン使用。ノイズキャンセリング付きを使うのは、建物の前が比較的交通量の多い道路なので、その騒音をシャットアウトするためだ。スターラインズのF34／35の復習セッションを聴く。

F27の水晶へ。アクアパレスへ行こうと思ってたが、F27にあるモンロー研の草原の水晶へ来た感じだ。水晶の効果音が美しい。ピラミッドのせいか、来やすいように思う。額から頭のてっぺんに水晶があるようにイメージする。

ナレーションに従い、地球コアへ。第1チャクラあたりに来るようにイメージする。何度か往復した後、F34／35へ。何かのトンネル状のところを通って、上の丸い開口部から宇宙空間へ出た。

いつも着くところのようで、目の前に宇宙ステーションのような構造が見えるような感じだ。ガイドと会話する。

「I／Thereへ行きたいと思います」

「OK」

移動していく。

「着いた。どういう形でも、あなたの希望する形に合わせますよ」

Ｉ／Ｔｈｅｒｅとは本来エネルギー体なので、形はない。こちらの好きな形にしてくれるということだ。

何にしてもらうか迷うが、丸い白いドーム状の部屋をお願いする。

うまく把握できない。

目の前に何人かＥＸＣＯＭのメンバー（巻末参照）が来ている印象がある。ここには水晶があると言われたような気がする。

「何か自分のＩ／Ｔｈｅｒｅを象徴するシンボルはないですか？」

アクアヴィジョンのロゴが思い浮かぶ。

AQUAVISION ACADEMY

これを立体的にした形がシンボルだ。つまり、ピラミッドが上下にくっついた形（下のはさかさま）である（以下、この形を上下ピラミッドと呼ぶことにする）。

「これがアクアヴィジョンのロゴになったのは偶然ではないんですよ」

とガイドが言う。

金色で中央に青い線があるものだ。これでいいとのこと。

つまり、アクアヴィジョンのロゴを立体にした形が自分のI／Thereのシンボルだ。

「I／Thereがこの形だと思ってもいいし、I／Thereの中央にこの形の結晶があると考えてもいいです。

あなたのハートの中にもこの形の結晶があります」

前にハートに結晶があると言われたことを思い出した。

「今、**ピラミッドの中にいるので、ハートの結晶とピラミッド（この形の上半分）が共鳴して、エネルギーが入ってきます。そのエネルギーが振動数を高めるのに役立ちます。**

I／Thereのこの形とハートの結晶が共鳴することで、I／Thereに来やすくなるし、エネルギーも入ってきます。

ピラミッドを使うことで、このプロセスがやりやすくなります。

バシャールのシンボルも近い形です」

今、ピラミッドの中でこの共鳴を感じているが、この共鳴を使って、そのままの形で、I／Thereの中にいることができるのだ。

「前に言いましたが、**ピラミッドは肉体の振動数を上げるのに役立ちます**。そろそろ食事を変えて、肉体の振動数を上げていくことを始めたほうがいいでしょう。どういう食事がいいかは、ひらめきに従ったり、本で調べていくといいです」

Ｆ27へ戻る。Ｆ27にあるモンロー研の水晶の中にいるような感じだ。ただ、モンロー研の水晶は六角（両端がとがっている）だが、こちらは四角形のピラミッドだ。少しずれた感じがある。

2009年7月9日（木）10：20より――異星人のアシスタントだった自分

スターラインズのＦ34／35の復習を聴く。

エネルギーが高いのか、Ｆ23と25で人がクリアーに見える。普通は何も見えないことが多い。Ｆ25では教授のような人が黒板に何か字を書いていた。

Ｆ27水晶。草原の中に水晶のようなものが立っているような感じがする。

Ｆ34／35。暗い空間へ。いつもの宇宙空間の感じだ。

ガイドと交信。英語で始めると、日本語でいいと言われる。

「Ｉ／Ｔｈｅｒｅへ行きたいです」

「アクアヴィジョンのロゴのような上下のピラミッドを想像してください」

「イメージするのは苦手なんですが」

「そうだったね。それじゃ、音はどうか」

「どういう音なのか、わからないんですが」

「上下のピラミッドがチーンと鳴ったらどういう音がするかな」

「よくわからないな。やっぱ、チーンなのかな」

「じゃ、もう一回映像をイメージしてごらん」

ピラミッドの中のような、面で覆われたところに来た。ここは金色の感じがする。別に金色が見えるわけではないが。

「自分の胸の結晶とピラミッドの形、それからI／Thereの形が共鳴することで、ここにいたままでここがI／Thereの中心部になる。今、中心部にいるのだ」

「ところで、あなたはだれ？」

「エーゲ海で修行していたときのあなただ。そのずっと前にはエジプトで、ピラミッド内でファラオが異星人の意識レベルに達する儀式を行なっていたときに、それを導いていた異星人のアシスタントをしていた。バシャールが言っていた儀式だ」

「それじゃ、詳しいわけですね」

「当時のピラミッドと、このフラクタル・アンテナ付きのピラミッド内の焦点の場所にいると、エネルギーが内面から湧き出してくる。それに肉体とエネルギー体が耐えられる必要がある。

エネルギー体の振動数は高まっていく。肉体の振動数もそれに見合って上がっていかないと、効果がそれほど出ない。

前に言ったように、**食事を調整することで**肉体の振動数を上がりやすくする必要がある。今座ってる体形だと、焦点は松果体のところだ。第3の目が活性化される。

ヘミシンクは意識の振動数を高めてくれるので、大回廊での儀式の部分は必要ない。すでにF34／35、あるいは42、49まで達することができる。

ピラミッド内では昔はF49やそれ以上へ行くことで、他の星や銀河を訪れたり、さらにはスターゲイトを超えて行ったりした。

あなたはその部分はスターラインズですでに体験しているので、不要だ。

そういう体験で一時的にエネルギー体の振動数が高まっただろう。ただ、それは一時的なものだった。**同時に肉体の振動数を上げることもやらないと、パーマネントな変化にはなりにくい**。というのは、肉体が重石《おもし》になって、振動数を引き下げるからだ。ただ、ピラミッド内でヘミシンクを頻繁に聞くことで、平均振動数が徐々に上がっていくことは起こる」

「とても暑くなってきました。汗をかいています」

「そう、それはこのピラミッドの効果だ」

エーゲ海で修業をしていたときの自分については、『死後体験Ⅲ』（ハート出版）のp148～156に紹介した。このときは、海岸沿いの洞窟内で、みなで声を合わせて唱和し、それに波の音が重なり、高い意識レベルへアクセスしていた。そして、宇宙の真理を直観していたのだ。モンローが指導者だった。このときの記憶を持つ人が、アクアヴィジョンのトレーナーやセミナー参加者に多い。

このさらに前に古代エジプトで異星人のアシスタントとして、ピラミッド内での儀式を導いていたというのだ。

そういう自分にピラミッド内での実験を導いてもらえるのは心強い。

同日11：20より

さっきと同じようにＦ23、25でさまざまな人が見える。Ｆ25では子供を連れた親の集団が見える。幼稚園児？　遠足に来てる？

Ｆ27、水晶。さっきもそうだったが、はじめは、女性のような姿に見える。

Ｆ34／35へ。宇宙ステーションのそばにいるのか、よく見えないが、何か宇宙船がたくさんいるような印象だ。

「だれかいますか？　ここには何があるのですか？」

そばにいるヘルパーが答えた。

「ここは宇宙ステーションのドッキングベイのところです。たくさんの宇宙船が宇宙ステーションにドッキングしています」

「そうですか」

しばらくここの様子を把握しようとしてると、

「Ｉ／Ｔｈｅｒｅにコンタクトしたほうが、きっと面白いですよ」

そう言われ、Ｉ／Ｔｈｅｒｅにアクセスすることにした。

前と同じような上下ピラミッド内部のような印象のところへ。

「I／Thereはエネルギー体で、UFOのような形をしている。ソンブレロ銀河のような形と同じだ。銀河が個々の星からなるのと同じで、I／Thereも個々の人格から成る。まったく同じだ。形は上下ピラミッドになることもできる。スタジアムのような形もとれる」

下向きのロート状の形が見える。これはI／Thereだ。この先は、I／Thereクラスターにつながっている。

「I／Thereでエネルギーに触れることは大切で、振動数を高めてくれる」

しばらく、ここにいることにする。

また熱くなってきた。

ちょっとぼおーっとしたのか、昼のテレビ番組のようなシーンが見えた。意識をI／Thereに集中しなさいと言われる。

帰還。

日蝕

２００９年7月22日（水）、午前10時45分。今、日食進行中のはずだ。曇天のため、太陽は見えないが。

バシャールと会話する。久しぶりだ。ダリル・アンカの話し方を思い出す。

「もっと頻繁に交信をしたほうがいい」

「最近、静かにしていると、虫の音のような高音が聞こえることがあります。これはI／Ｔｈｅｒｅとの交信に使えますか？」

「使える。まず、この音が聞こえる状態は心が落ち着いて穏やかになった状態なので、この状態に至ることが役立つ。さらに、**この耳の中の音と共鳴できれば、ちょうど今我々バシャールと共鳴しているようにI／Ｔｈｅｒｅとも共鳴できる。この音が自分のI／Ｔｈｅｒｅのシンボルということだ**。ひとりのガイドと話すのではなく、**I／Ｔｈｅｒｅ全体、あるいは、その一部と共鳴状態を作って交信する**。ちょうど我々バシャールたちと共鳴して交信するときのようにだ。もっとも、今は、バシャール側は特にその中のひとりとあなたは共鳴状態を作って交信している」

「後でこの交信の記録をとる際に思い出せるでしょうか？」

「大丈夫、手伝ってあげるから。あなたは脳を使って記憶にアクセスしている。脳というのはすごいマシーンで、人間が考えている以上にうまくデザインされている。これは宇宙内で広く使われているデザインだ。物質世界に意識を集中させ、その世界を把握する機能と、記憶にアクセスする機能、思考するのを手助けする機能、非物質界と交信する機能など、さまざまな機能を兼ね備えている。

イルカの脳もかなり高度に発達しているが、人類とはずいぶん違ったほうに進んでいる。彼らはむしろI／There的な共鳴状態を常に感じていて、それで交信している。死んだイルカとも交信できている」

「人間の死後はどうなのですか。脳はありませんが、考えられますよね」

「非物質の体にさまざまな機能が備わっている。肉体の脳とは異なるデザインになっている。ただし、人間は肉体以外にいくつもの非物質の体を持つ。それらは振動数が異なる。その中で一番振動数が低い体は、肉体とほとんど同じ器官を備えている」

「我々は今後意識が進化していくと言われていますが、それに伴って、肉体、特に脳の変化も起こるのですか？」

「イエス。**脳の中の松果体が活性化してくる**。それによってこれまで知覚できなかったことが知覚しやすくなる。ヘミシンクやピラミッドは、そういう進化を手助けする。ただ、前から言ってるように食べ物に注意を向けるように。そういう変化を手助けする食べ物が良い」

今、日食のピークのはずだが、曇っているので、薄暗い。薄暗いのは日食のせいか、雲のせいかわからない。

今、外に出て空を見上げると、厚い雲で覆われていた。近所の幼稚園の子供たちが外に出て空を見ているのか、騒ぎ声が聞こえる。

ガイドにお願いする。

「ほんの一瞬でいいから、雲を晴らして、見せてください。子供たちに見せてください」

すると、南の空に雲の薄い部分が現れた。そこだけ黒雲がなく、もっと上空の白い雲が見える。それは風に乗って北へ移動してくる。

そして、太陽が透けて見えた。三日月よりもちょっと太い形だ。ほんの4秒ほどだったが、明らかに見えた。

雲間はあっという間に通り過ぎ、また曇天に覆われた。ガイドに感謝した。

同日午後1：20より

フラクタル・アンテナ付き小型ピラミッド内。スターラインズのF34／35の復習を聴く。

時差ボケのためか、意識を維持するのが難しい箇所もあった。ただし、熱い。ピラミッドの効果なのか、それとも、かぶっている黒いタオルのせいか。

F34／35へ着く。例の宇宙空間だ。何かの構造物のそばにいる。宇宙ステーションか。

I／Thereへ行こうとすると、この内部へ行くように言われる。

それに従い、内部へ。

そこは大きな部屋になっていて、日本人の家族がテーブルに向って座っている。以前のモンロー研プログラムでいっしょだったSさんのような顔つきの人だ。

「ここでは宇宙人が人間と交流を持ち、人間について知る機会を得ている。人間は寝ている間にここに来ているので、覚えている人は少ない。あなたもよく来てる」

「そういう記憶はないですが」

次いで自分のI／Ｔｈｅｒｅへ行くことにする。

スタジアムが見えてきた。中央部が芝生で緑色だ。

ここで中央部のエクスコムのところへ行くことにする。この辺から意識を維持できなくなった。I／Ｔｈｅｒｅの感覚をつかもうとするが、特にわからない。

帰還。


以上、２００９年2月から7月までの体験の中で特に本書と関係があると思われるものを紹介した。を残念ながら、これ以降また時間がとれなくなり、ピラミッド内での体験は11月以降に持ち越される結果になった。

この章でわかったことのまとめ

（1）自分のI／Ｔｈｅｒｅのシンボルは、アクアヴィジョンのロゴを立体にした形。
（2）ピラミッドの中にいると、ハートの結晶とピラミッドが共鳴して、エネルギーが入ってくる。それが振動数を高めるのに役立つ。
（3）ピラミッドは肉体の振動数を上げるのに役立つ。

(4) 自分のハートの結晶とピラミッドの形、それからI／Thereの形が共鳴することで、ピラミッドの中にいたままで、ここがI／Thereの中心部になる。

(5) エジプトの大ピラミッド内や、フラクタル・アンテナ付きピラミッド内の焦点の場所にいると、エネルギーが内面から湧き出してくる。それにより、エネルギー体の振動数は高まっていくが、肉体の振動数もそれに見合って上がっていかないと、効果がそれほど出ない。同時に肉体の振動数を上げることもやらないと、パーマネントな変化にはなりにくい。食事に注意を向けること。

(7) 耳の中の音と共鳴できれば、I／Thereと共鳴できる。この音が自分のI／Thereのシンボルだ。I／There全体、あるいは、その一部と共鳴状態を作って交信する。

(8) 意識の進化に伴い、脳の中の松果体が活性化してくる。

4章　屋久島へ

ひょんなことから2009年10月初旬に屋久島に行くことになった。千葉高同窓の3人でいっしょに屋久島を探索し、ヘミシンクを聴き、それをそれぞれが本にするという出版社の企画である。その結果生まれたのが、『屋久島でヘミシンク』（アメーバブックス新社）だった。

この企画は発案の段階からとんとん拍子で話が進んだので、何か導かれているという強い印象を行く前から持っていた。案の定、屋久島では驚くべき体験をすることになった。

詳細は同書に譲ることにして、その中の重要なポイントをまとめてみる。

（1）羽田空港へ向かう途中、女性的な高次の意識存在との交信があった。彼女はフォーカス・レベルで言うと42から49の意識レベルの存在である。彼女はさまざまな地域で女神として崇められている。私のクラスター・カウンシルの一員であり、以前、古代ローマの月の女神ディアナと認識した存在だった。

（2）屋久島に住する高次の意識存在たち、つまり一般には神と言われるような存在たちと交信した。彼らはもちろん非物質の存在たちで、肉体を持っているわけではない。屋久島の植物や動物たちは彼らの子供たちであり、それらを慈しみ、育んでいる。

（3）彼らには、悲しい過去があり、オリオン座の星々での戦いから逃れてきていた。彼らは元々オリオンのある星系でリーダー的な存在（王と王妃）だったが、ネガティヴな生命体たちの侵略を受け、地球へ逃げてきていた。

（4）屋久島は天と地のエネルギーが集まる場である。つまり、高い意識レベルからのエネルギーの流れと地球コアからのエネルギーの流れがある。彼らはそのエネルギーを利用して、島全体に強固なエネルギーバリアを張り、その中に隠れて暮らしていた。

（5）オリオンの星系にいたころ、彼らには何人かの子供たちがいたが、その中の一人ラッシェルモアは、ダークサイドに落ち、その星系を支配する皇帝になった。ラッシェルモアはその後、地球へやってきて、フォーカス35という地球の高次の意識界に隠れ、人類にネガティヴな影響を与え続けている。

（6）私はラッシェルモアをダークサイドから救出してほしいと彼らから強くリクエストされた。なぜ私が彼を救出する役目を任されなければならないのか、疑問は解けないまま屋久島を後にした。

以上が同書の中で特に重要と思われる個所をまとめたものである。

実は、同書の前にもストーリーがある。屋久島でなぜ突然ラッシェルモアが出てきたのかを理解するには、拙著を何冊かひもといてもらうことが必用になると思う。ただ、そういう時間のない読者のために、以下に若干の補足をしたい。

ラッシェルモア

拙著『２０１２年　目覚めよ地球人』（ハート出版）で紹介したが、私は、とある宇宙船内でかなり意識レベルの高いと思われる、高貴な存在に何度か出会った。それがラッシェルモアだった。

その存在は自らを銀河系全体を統括する存在だと言い、私とモンローは彼の20人いる息子の中の２人だと言った。私とモンローは２０１２年に地球で起こる一大変化がうまく成就するように志願したのだという。

さらに、彼は2012年に向けて起こることがらについて情報を提供した。ただ、その中には人々に恐怖を抱かせるような情報が含まれていたことから、後で、ダークサイドの存在である可能性が高いことが判明した。彼は、地球に来ているダークサイドのオリオン・グループのリーダー的存在であると思われる。

バシャールにこの存在の名前を聞いたところ、ラッシェルモアという答えが返ってきた。彼の下に部下が1万人ほどいて、地球上で生きている人の中に10万人ほどが影響を受けているとのことだ。

以上、2009年10月初旬の屋久島でのヘミシンク体験についてまとめてみた。この体験はこちらのまったく予期せぬ展開になった。ラッシェルモアを救出してほしいという屋久島の高貴な存在たちの要望は理解したが、なぜ私がやらなければならないのか、納得できないものがあった。

屋久島から帰ると山のように仕事が待っていた

10月5日に屋久島から帰ると、一挙に4つのことを並行してやらなければならなかった。

ひとつは10月15日に予定されていた船井塾での3時間の講演の準備。私はパワーポイントを使って話をする形をとる。これまでの経験から1分~2分に1ページのペースで話すので、140ページほど必要になる計算だ。これは仕事量としてかなりになる。

2つ目として、屋久島の体験をまとめて原稿にする作業があった。滞在中にかなりの部分を書いてはいたが、細かい部分を補充したり、説明を加えたりする作業が必要だった。

さらに、ハート出版へ約束していた本の原稿の準備があった。その本にはアセンションについてぜひとも書きたいことがあった。ハート出版は12月上旬までに出したいと言う。それには10月末ぐらいまでにゲラを上げる必要があった。

4つ目として、11月7日から12日間にわたって熱海で開催するモンロー研のプログラム・スターラインズとスターラインズⅡの準備。スターラインズⅡは今回が初めての日本開催なので、使用するヘミシンクCDの日本語版作成や、英語のパワーポイントの翻訳、DVDやYouTubeの翻訳など、どれも時間のとられるものばかりだった。

時間がひっ迫する中、優先順位をつけ、かたっぱしからこなしていくしかなかった。ただ、こういうことは昔から苦にならなかった。受験勉強で鍛えられたことのひとつは、てきぱきとこなす力だと思う。

というわけで、10月中はヘミシンクを聴く時間は一切とれなかった。ラッシェルモアの救出は、するにせよ、しないにせよ、11月のスターラインズに持ち越さざるを得なかった。私としては、彼を救出するにしても、その前に少し心の準備をする時間がほしかった。なにせダークサイドのパワフルな存在である。下手に会うと、ダークサイドに引きずり込まれそうだ。会うには覚悟が必要だった。しかも相当な覚悟が。

5章　スターラインズ

2009年11月6日（金）、成田空港へモンロー研究所のトレーナーであるフランシーン・キングを迎えに行く。

11月7日（土）から12日（木）にかけてモンロー研の公式プログラムであるスターラインズ、13日（金）から18日（水）にかけてスターラインズⅡを熱海で開催する。そのために両プログラムの開発者であるフランシーンを招待していた。

第1ターミナルの到着ゲートでしばし待つ。彼女は自宅のあるフロリダからヒューストン経由でやってくる。

4時過ぎ、フランシーンが現れた。スーツケースを2つ乗せたカートを押している。こちらに気がつくと、手を振った。長旅にもかかわらず、元気そうだ。簡単な挨拶とハグをする。

まずは、タバコということで、外へ出ると、喫煙用の小さな建物へ彼女は急ぐ。

実はモンロー研の関係者にはヘビースモーカーが多い。精神世界の探索をやっていくと自然に喫煙を控えるようになるものと考えがちだが、そうではないようだ。ロバート・モンロー自身かなりのヘビースモーカーだった。その娘のローリーもそうで、肺がんで55歳の若さで亡くなった。副所長のダーリーン・ミラーもヘビースモーカーだ。

車で熱海へ向かう。道中、今回のプログラムについて念入りに打ち合わせを行なった。日本でスターラインズを開催するのはこれが3回目である。だからスターラインズについては問題ないのだが、初めて行なうスターラインズⅡについてはいろいろと前準備が必要だった。

午後7時半、「あたみ百万石」到着。このホテルはこれまでにも何度もアクアヴィジョンで使っている。ここでモンロー研のプログラムを行なうのは何回目だろうか。ホテルのスタッフはすっかり顔なじみになった。

テラス棟と呼ばれる別館の2フロアー分を貸切にする。各フロアーには4つのユニットがあり、それぞれのユニットは165平方《メートル》もある。中にはベッドルームと8畳の和室、それにリビング・ルームに浴室。トイレが2ヶ所。このユニットを参加者4名で使用する。ヘミシンクもそこで聴く。主催者側が言うのもなんだが、超贅沢な待遇である。

機材のセットアップや配線のためにアクアヴィジョンのふたりのトレーナー（みつさんとそのさん）が午後2時から来て作業をしていた。我々が着いた段階で、準備は終了していた。

部屋に荷物を置くとすぐに4名で夕食になった。ホテル自慢の加賀料理である。

フランシーンは大の日本食好きだ。ここの料理が日本へ来る楽しみのひとつになっている。日本酒も大好きで、ビールの我々をしり目に、一人日本酒を飲む。フランシーンには演歌が似合いそうだ。今度来たら、八代亜紀の「舟歌」でも聞かせてみよう。

翌11月7日（土）、午後1時、テラス棟2階の1つのユニットのリビング・ルームに参加者全員が集合し、プログラム開始。

今回の参加者は11名と非常に少ない。これでは採算割れになるのだが、13日から引き続き行なうスターラインズⅡに27名の参加があるので、なんとかなっている。

実は2008年のリーマンショック以来、全般的に参加者数が減り、厳しい状況が続いている。こういう中、スターラインズⅡの参加者が多いのは理由がある。今回が初めての日本開催で、前々から多くの参加希望者が手ぐすね引いて待っていたという背景があるのだ。

スターラインズのプログラム内容の詳細について詳しくは拙著『死後体験Ⅱ』、『死後体験Ⅲ』（共にハート出版）をご覧いただきたい。このプログラムはフランシーンが開発したのだが、開発の経緯や目的、各セッションで具体的に何をするのかなど、これらを読まれれば理解できると思う。ただ、初めての読者のために若干説明する。

このプログラムの目的をひとことで言うと、フォーカス35と42、49、さらにその上のフォーカス・レベルを探索し、より大きな自分を知ることである。自分とは自分で考えているより遥かに大きな存在なのである。

このより大きな自分を知るという作業は、地球を離れたより大きな空間内に存在する自分たちや、現在を離れたより大きな時間内に存在する自分たちを、知っていくという作業でもある。つまり時空の制約を超えて存在する自分たちを把握するのである。

さらには、そういったさまざまな自分たちの集合意識としての大きな自分を知っていく。空間と時間の範囲が広がるほど、さらに大きな集合意識としての自分を知るのである。

具体的には、太陽系、シリウスやプレアデス星団などの太陽系近傍の星々、銀河系、近隣の銀河、おとめ座超銀河団、別宇宙を時空の制限を超えて探索し、そういう領域にいる自分を知り、その集合意識としての自分を知る。

フォーカス35で把握できる自分の集団をI／There（アイゼア）と呼ぶ。

フォーカス42で把握できる自分の集団をI／Thereクラスター（アイゼア・クラスター）と呼ぶ。

ここまではモンロー研の正式名称である。

スターラインズ参加者の中には、フォーカス49で把握できる自分の集団をI／Thereスーパー・クラスターと呼ぶ人も多い。

スターラインズではこのように地球を遠く離れたさまざまな天体を訪れる。そのため、プログラムのセッション以外の解説の時間のかなりの部分は、最新の天文学の知識を詰め込むのと、ハッブル宇宙望遠鏡やすばる望遠鏡、ガリレオ探査機などがとらえた最新の画像を見ることに充てられる。

プログラム自体の構成は、このように外的宇宙を探索する形をとるのであるが、それがそのまま内的宇宙の探索になるケースもある。実際、このプログラムの目的のひとつに外的宇宙と内的宇宙のつながりについて知るということも含まれる。

また、「上の如く、下も然り」ということを知っていくことも含まれている。

スターラインズはこのようにさまざまなことを含むプログラムなので、人によって、その体験内容は大きく異なるのである。だから、私がここに書くことはあくまでも私個人の体験記であって、それと同じ体験をみながするものだとか、しなければならないというふうにはとらないでいただきたい。

この本では、特記すべき体験のあったセッションのみ書いていくことにしたい。そもそもすべてのセッションを聴けるわけではなかった。このプログラムの主催者としてすべきこともある上に、本のゲラをチェックする作業もこの期間にやる必要があったからだ。

初日はフォーカス27までの復習をした。

翌11月8日（日）、午前中はフォーカス27でのフリーフロー・セッションの後、地球コアの復習セッションを行なった。その後の3本目のセッションでの体験から記したい。

フォーカス34／35の復習セッション

このセッションではフォーカス34／35の復習を行なう。まずフォーカス27にある向こうのモンロー研（TMI/There）へ行き、そこの水晶をしばし体験した後、さらに地球コアへ行く。そこには鉄の結晶がある。地球コア27の結晶とモンロー研の水晶の間を何度か往復した後、フォーカス34／35へ向かう。そこは大集合（ギャザリング）とモンローが呼んだ領域で、無数の生命体がこれから地球で起こる一大変化を観察するために集合している。

F34／35に着いた。今回は自分のI／Thereのメンバーの中の地球外生命体たちに会うことにする。真っ暗で何も見えないが、何名（何体？）かに囲まれて、歓迎されている感じがある。会話を開始する。

「あまりはっきりとは見えないけど、あなた方がいるのはわかりますよ」

そう言うと、そこにいる生命体が答えた。

「あなたが見えないことは分かっています。でも、会話は得意でしょ」

「住んでいるところへ連れて行ってもらえますか？」

「これまでもケンタウルス座アルファとかに行くと、いつもI／Thereのメンバーが出迎えてくれてたんですよ」

「気がつかなかったな。会話した相手はI／Thereメンバーだったんだ」

これまでスターラインズで、いろいろな星を訪れて、そこにいる生命体と交信してきたが、自分のI／Thereメンバーが出迎えてくれていたということらしい。少なくとも、ケンタウルス座アルファとか、近傍の星ではそうだったということのようである。

その後、ちょっとうとうとしたようだ。その夢のような中で、ふと気がつくと、2、3体の生命体に右手で一生懸命しがみつこうとしていた。意識がはっきりしてきた。彼らの住むところに連れて行ってもらうことにする。

「あなたも習った一息法で行きます」

その生命体がそう言った。

すぐにどこかに着いたらしい。ケンタウルス座アルファか。あるいは、どこか近くの星だ。

「私たちは空気から食べ物を自然に取り込むので、食べるためにあくせくする必要がないのです。私たちは肉体を持っています。第3密度の生命体ですが、テレパシーで意識はつながっています。家族もあり、セックスもしますが、みなで意識を共有しています」

姿は、タコとか、どうもそういうもののようだ。

「人類とはまったく異なる進化の道を歩んできました」

さらに少し会話をしたと思うが、思い出せない。その後、地球へ戻る。

すると、大きな竜が現れた。前に話したことがある、エリダヌス座イプシロンの生命体だ。彼らは体のままの形で宇宙空間を飛べるのだ。特殊な宇宙服を着ているから。

そこで帰還の指示が来た。C1へ。

太陽との交信

翌11月9日（月）、今日2回目のセッションは、フォーカス34／35でヴォイジャー8号（V8）に搭乗し、太陽系内でフリーフロー（自由探索）を行なう。

V8とは地球上空のフォーカス34／35にある宇宙船である。物質的な存在ではないので、地球上空で通常の宇宙船に目撃されることはない。あくまでも非物質のエネルギー体である。フォーカス34／35の意識状態になると知覚でき、搭乗することが可能になる。

V8には動力室や操縦室、客室といった、通常の宇宙船で期待されるようなさまざまな施設がある。ナレーションに従うと、我々はその動力室と呼ばれる丸い部屋へ着く。そこは壁沿いにぐるっと座席が並んでいて、壁には大きな窓またはスクリーンが設置されていて、外の宇宙空間を見ることができる。部屋の中央部の床は、ビューイング・スクリーンになっていて、そこから宇宙空間が見える。天井には動力用の結晶が下がっている。

壁に沿って並ぶ座席を壁の方に向けると、壁の下の部分から、個人用の小型探査機POD（ポッド）に乗り込むことができる。機内には大勢の乗務員（ヘルパー）がいて、我々をアシストしてくれる。

このセッションはベッドに腰かけ、パソコンに直接記録をとりながら体験することにする。枕もとのランプのみつけておき、パソコンのキーボードが見えるようにしておく。

F34／35へ到着。V8内にいる。何も見えない。真っ暗だ。

個人用の探査機POD（ポッド）に乗り込む。ガイドもいっしょだ。太陽へ向かうことにする。

透明で大きな球体が見えてきた。真っ暗な中に縁だけなんとなく見える。

太陽と交信する。

「あなたのことはよく存じておるぞ。小さき者の子供の子供よ。よく来られた。まあ、前にも来られてはいるが。今回は何じゃ。何がお望みじゃ」

「2012年についてお話しください」

「いいだろう。これは地球生命系だけでなく、太陽系全体、あるいはその近くの星たちにも影響がある。我々はわくわくしながら、前から待ち望んでいたのだ。大きな変化が起こる。それは惑星によって異なる変化だ。太陽自体も変わる」

「どう変わるんですか？」

「一緒に考えよう。そういう共鳴意識に入るほうがいいだろう」

太陽と自分の意識を同調させることで、共鳴意識状態に入り、一緒に考えることができるようになるのだ。これについては以前、バシャールとの交信の際に体験していた。

「**実はこういう共鳴意識状態が今後は一般的になる**。あなた方も我々と意識を合わせようと思えば合わせられる状態になる。惑星の意識にも合わせられるようになる。

今あなた方がヘミシンクでやっていることが、もっと一般化するのだ。

人々の意識があらゆるものと共鳴し、より調和のある世界になっていく。それは地球上だけのことがらに留まらず、地球意識や惑星意識、太陽系意識との共鳴、自然界のあらゆるものとの共鳴が起こるようになり、共感を持つようになるのだ。

これはすばらしいことだ。人類や地球では、それは**第3密度から第4密度への移行**というふうに言うことができるかもしれない」

ナレーションは太陽系全体を見るように言ってる。

「ここから全体を把握できる」

そう太陽が言った。

なんだか、我々は家族だという印象が入ってくる。

「もちろん太陽系は家族だ。私にとってかけがえのない家族だ。あなたにとって家族がかけがえのない存在であるのとまったく同じ意味でそうだ」

「失うということはあるんですか?」

「もちろんある。マルデックのことはご存知だろう。ティヤマットのことも」

何億年も前に太陽系内に存在した惑星たちだ。

「これらは大きな損失だった。物質世界から消えたということは、非物質界にいるのかと言うと、いつまでもその状態で意識体を保つことは難しい。彼らの意識は太陽系を離れ、別の生命系へ行くことになった。それは別れということになる。もちろん今でも意識はつながっているので、人間が死ぬときに感じるほどの苦しみではない。ある意味、子供が巣立っていくようなものだ。

ただ、それまで手元で慈しんでいたものが、出ていくことはやはり少しの苦痛はある。特にそれは突然に起こった。わかってはいたことではあるが、それは起こるべくして起こった。太陽としてはコントロールできない範疇のことだ。そこに住む生命体たちの思いがそういう結末を招いたのだ。ただ、そういう意味ではすべての惑星にも、太陽自体にもそこを巣立つ日はいずれ来る。学ぶべきことを学び、進化の階段を上へと上がるのだ」

「あなたの段階では何を学ぶのですか」

「**愛をこの物質次元で周りの空間へ放出すること、それがまわりへの奉仕であり、また源の愛の恩を返すことになる**。源には常にものすごく恩を受けているのだ。それを愛情をまわりへ放射することで、まわりに奉仕することで、恩返しをしているのだ。それは喜びだし、自分も満たされるのである。あなたもそれと同じことを徐々にし始めている。

そう言う意味では**すべての生命体は同じことをしている**のだ。

私の場合は、それを太陽系という大きなスケールで行なっている。ここに住まう多くの生命体たちを育み、慈しみ、成長を促している。それが恩返しでもある。喜びでもある。純粋な愛と喜び、それを実行する。その中に自分自身の気づきと意識の拡大がある。それによってさらに上の知覚へと進むことができる」

「あなたにとって上とはどういうレベルですか?」

「それはまだ分からない部分があるが、一つの可能性としては、他の形の天体や銀河といったものだ」

「誰が選択するのですか?」

「もちろん自分で選択するが、私を導く存在たちとの相談もある」

「誰が導いているのですか?」

「銀河系の高次のスピリットたちだ。ヒエラルキー構造になっている。銀河系の下にローカルなグループもあり、そこにもリーダーたちはいる。彼らの導きもある。が、基本的には銀河系の中心にいる存在たちだ」

「もう時間になりました。どうもありがとうございました」

ケンタウルス座アルファとシリウス

このセッションでは、フォーカス34/35からさらに上のフォーカス42へ向かう。

まずフォーカス34/35でヴォイジャー8号に搭乗する。その船内には水晶が天井から下がっている。その水晶に参加者全員でエネルギーを集中する。すると、水晶は回転し始め、エネルギーが船全体へと拡散する。その際、私の受ける印象では、船全体がひとつの大きな金色に輝く光の球に包まれる。その光り輝く球と共にフォーカス42へ移行する。

フォーカス42の視点からは、太陽系を離れ、銀河系内の星々にいる自分のI／Thereクラスターのメンバーたちを探索することが可能となる。我々の太陽系が属する銀河系には数千億個の恒星が含まれる。

このセッションでは、フォーカス42で太陽系を離れ、まずは近隣の星であるケンタウルス座アルファとシリウスを訪れる。ケンタウルス座アルファは太陽から4・4光年、シリウスは8・6光年の距離にある。

ここで1光年とは光の速度で行って1年かかる距離のことである。ちなみに地球から月までは光で1秒ちょっと、太陽までは8分で行ける。それに対して、隣りの星であるケンタウルス座アルファでさえ、4年以上かかる。物質空間を移動するのではとても行ける距離ではない。我々は非物質界を通るから一瞬で行けるのだ。

F42に着くまでベッドに横になって聴く。着いたら明かりをつけ、パソコンに記録しながら、体験する。

F42。例のもつれた茶色のスパゲッティから成る網の目パターンが見えてきた。私の場合、I／Thereクラスターがそう見えることが多い。

ケンタウルス座アルファへ向かう。到着。特に何か見えるわけではない。

「だれかI／Thereクラスターメンバーと話したいです」

「さっきから目の前にいるが」

何かがそう言った。

「網の目しか見えませんが」

「おれは網の目の中をずっと先へ進むといる。その意識の先におれがいる」

話すことはかなり単純だ。

「どういう存在ですか？」

「おれはそれほど進んだ生物ではない。肉体を持っている。この惑星に住んでいる。でもお前のことは知ってる。この意識の糸を知ってるからだ。

おれがどういう生命体かと言うと、下等な生物だ。だが、交信はできる。

液体の中に生きている。この生物たちの意識はつながっている。だから、意識をつなぐのはわけない。だからといって、おまえらのように高度に進化はしていない。

でも、ある面では進んでいる。それは意識の共有という面だ。人類はその点では遅れている。やっとその段階に来た。おれたちはずっと前から、こういうふうにつながっている。

そして、自分がどこから来たかもわかっている。この意識のひもを通って、42へ行けば、いろいろな生命体とつながれることは知っている。覚えていると言ったほうがいいかもしれない。遠い記憶だ。

この星には他にも多くの生物がいる。ここがどういうところなのか、我々はそこまで理解していない。ただ、液体があり、その中を浮遊して移動している。捕食は自動的だ。

なに苦労はない。肉体的に死んでも、それは終わりではない。すぐに別の生まれたばかりの肉体へ入ればいい。生殖は半自動的に行なわれている」

「あなた方の本体はどこか他の星にあるんですか」

「そういうことはない。ここにきているのは確かに大きな触手で、その元はあるとは思うが、それは我々には把握できない」

「どうもありがとうございました。もう行かなければ」

次にシリウスへ移動。

「シリウスにいる自分のI／Ｔｈｅｒｅクラスターのメンバーにコンタクトしたいです」

「小さき者よ、何か?」

「あなたは私のクラスターメンバーですか?」

「私はあなたを知っています」

交信の流れが詰まった。頭からタオルをかぶり、視界を暗くする。

ブドウの房が見えてきた。何かが大勢いるのがわかる。

「あなたたちは?」

「私たちはあなた方ともっと上のレベルで別れています（Ｆ49?）。でもつながりはあります。シリウスは太陽の近所ですので、我々の関連は深いのです。常にあなた方をウォッチしてきています」

「人類を作った存在たちですか」

「いえ、でも、その連中のことは知っています。私たちはあなた方の遠い親戚で、親しみを持って見ていますが、特に干渉することはしていません」

「ここで何をしているのですか」

「私たちはここで生命の営みをしています」

「それは？」

「ここでいろいろな生命体として生きています。さまざまな生命表現があります。いろいろな惑星に住んでいます。非物質的な生命も物質的な生命もあります。あなたが以前会ったイカのような生物もいます。それ以外にもいろいろな形態があります。海の中にいるものもいます」

「すごい種類ですね」

「そうです。さまざまな生命表現を楽しんでいるのです」

「なにか私へのメッセージはありますか」

「自分を愛し、他人を愛し、今を楽しむ。それがメッセージです」

「どうもありがとうございました」

何だかすごい慈しみを感じた。

ナレーションに従い、Ｖ８内の自分の個室へ行く。

「あれは自分のクラスターメンバーなんだろうか」と思っていると、そばにいたヘルパーが「そうですよ」と答えた。

Ｃ１へ。

アークトゥルス＆プレアデス星団――ショッキングな情報

次のセッションでは地球から37光年の距離にあるアークトゥルスをまず訪問し、次いで４００光年のプレアデス星団へ行く。両者とも人類に多大な影響をもたらした生命体が住むと言われている。フランシーンによれば、アークトゥルスは銀河面に直行するような軌跡をとっているので、元々は銀河系に属していなかった可能性があるとのことだ。


Ｆ34／35から網目状のトンネルの中を前進していくと、あるところでストップした。

ナレーションが42と言う。まずアークトゥルスへ。

「アークトゥルスの高次の意識存在と交信したいです」

そう言うと、すかさず答えが返ってきた。

「何であるか。意識がつながっているので交信していい」

「あなた方はどういう生命体なのですか？」

「あなたの言葉で言うとＦ35から42にわたる意識体だ。ここではおもに非物質の生命体であるが、他の生命系へここから意識が伸びて、そこで枝分かれして増殖している者たちが大勢いる。ここは大本となっているのだ。

もちろんここにも生命体たちはいる。我々はそういう生命体だ。ただ、非物質である。

我々はかなり前からこの星にいる。この星を維持する生命体たちと協力している。我々が来る前からこの星は、この星を維持する生命体がいた。

地球へもここから来ている生命体がいる」

ナレーションがプレアデスへ移動するように言ってる。

「どうもありがとうございました」

プレアデスへ移動する。

目の前の暗い空間に渦巻き状銀河のようなものが見える。何だろうか。

「あなたは私のことを覚えていないのですか?」

そう、その渦巻が言った。

「覚えていませんが」

「あなた方の古い友人です。あなたとモンローがここを去る前にここにいっしょにいました」

モンローと私は地球へ来る前にここにいたと、以前プレアデスを訪れた際に会った生命体に言われていた。モンローはここをKT-95と呼んでいた。

「私がどういういきさつでプレアデスへ来たのか教えてください」

「かなり前のことです。あなた方は、私も含め、大きな存在の一部としてここへ逃げてきました」

「どこから？」

「あなたが知ってるように、オリオン大戦からです。ここの話は慎重に聞いてください。あなたも知ってのとおり、オリオン座の星々で大きな戦いが続いていました。私たちの親たちはその戦いに疲れて、住み慣れた故郷を捨てて逃げてきたのです。親と、親の親たちです。みな一緒に逃げてきました。彼らはみな大きな高い意識レベルの存在たちです。

そして、ここプレアデスの片田舎に隠された一部が、我々なのです。小さな渦として。エネルギーの渦たち。何も知らない渦たちとしてここにいることになりました。もちろん、我々を見守り、守る存在たちがこっそりと見張っていてくれたのですが。そうしてモンローとあなたたちはここを離れ地球へ行きました」

「ラッシェルモアは？」

「あなたは信じたくないかもしれませんが、**あなたとモンローの父親です**。彼はダークサイドに落ちた存在です。オリオンのある星で皇帝になりました」

「さっき、親と親の親とおっしゃいましたが？」

「親とは母親のことです。ここへ逃げてきました」

「ラッシェルモアは知らないのですか？」

「知りません。スター・ウォーズのダース・ベーダーと同じで、自分に子供がいたことは知りませんでした」

「私が彼を救わなければならないと言われましたが、本当なんですか？」

「あなた次第ですが、あなたはそうすることになると思います。あなたのためにもそれは必要なのです」

「どういう意味ですか？」

「あなたのハートに入ったデバイス（小型装置）です。それを完全に解放するには、ラッシェルモアの力が必要なのです。彼がダークサイドからポジティヴ側に行き、それを解放することに同意しないと、それは完全には解放されないのです」

「なんてこった！　そんなバカな！」

「いえ、これは真実です」

「でも、彼のところに行くのは危険じゃないんですか？」

「大丈夫です。あなたはあなたが考えている以上にパワフルです。彼の力は及びません。あなたにはジョークの力があるからです。

覚えてますか、モンローがダークな存在に会ったとき、彼はその存在を笑い飛ばしたって、フランシーンが言ってたでしょ。あなたにはもっと強力なジョークパワーがついています。これまでのトレーニングの成果です」

「トレーニング？」

「そうです、ここ何年かかけてあなたのジョークパワーを鍛えてきました」

「そうだったんですか。このためにジョークばっかり言ってたんですか?」

「やっと気が付きましたか。ダジャレは世界を救うのです」

「まったく、ほんとにジョークみたいな話になってきましたね」

「でもこれは真実で、大切なことなのです。あなたにとっても、ラッシェルモアにとっても、屋久島の存在たちにとっても。プレアデス系の生命体たち全員にとっても」

何だか、またすごいことになってしまった。

「どうもありがとう」

「どういたしまして」

「ひとりでラッシェルモアのところへ行くべきですか?」

「みながあなたのバックアップをしますが、会いに行くのはひとりです」

「わかりました」

この話は本当なんだろうか。以前、ラッシェルモアに会った際に、彼は、私とモンローが彼の息子だと言ってたが、それは嘘だと思っていた。私にエリート意識を持たせるために言ってるのだと思った。

ところが、今回プレアデスで会った生命体は、私とモンローが皇帝ラッシェルモアの子供で、我々はラッシェルモアが気がつかないように密かに田舎の星に隠されたという。

これじゃ、まるで映画スター・ウォーズじゃないだろうか。

スター・ウォーズでは、ダース・ベーダーの子供であるルークとレイアはそれぞれが別個に隠された。ルークは辺境の惑星タトゥイーンに。ダース・ベーダーはダークサイドに落ちた後で子供たちが生まれたので、自分に子供がいることを知らなかった。そこも同じだ。

少し違うとすれば、ここではラッシェルモア自身が皇帝になったという点。スター・ウォーズでダース・ベーダーは皇帝に仕えるナンバー2の存在だ。

ただ、息子であるルークがダース・ベーダーを救うというストーリー展開はまったく同じだ。私がラッシェルモアを救えればの話だが。そんなに映画みたいにうまくいくのだろうか。私にはダジャレパワーがあるから、大丈夫だって？　本当にこの話、どこまで信用していいのだろうか。

家族のルーツを探る

その夜のセッションは、フォーカス42でオリオン座の星々とオリオン星雲の探索である。オリオン座にはリゲルやベテルギウス、三つ星（ミンタカ、アルニラム、アルニタク）など、有名な星が多く含まれる。これらはたまたま地球からこの方向に見えるだけだが、千光年ほどの距離にあるものが多い。

何か釈然としないものを感じながら、セッションに臨んだ。

V8内。ヘルパーがそばにいるので聞くことにする。

「我々の家族のルーツについて教えてください」

「屋久島の高貴な存在たちはあなた方の祖父母だ。彼らの先祖は、オリオンのある星に住みついた。それは彼らよりも何世代も前のことだ。

彼らはポジティヴな人たちだった。当時はアヌンナキ（別宇宙からきた異星人。50万年前に地球の類猿人に遺伝子操作を施して人類を作ったとされる）からまだ時間が経ってなかったので、ポジティヴな生命体しかいなかった。こと座の星やオリオンのリゲルなどに住み、さらにオリオンの他の星にも移住した。そういう一団の中に彼らの先祖はいた。集団で移住した中で高次の意識存在だった彼らの先祖は、彼らのリーダーとして何世代にもわたってトップであり続けた。

オリオン座の別の星に行った別の一派は次第にネガティヴな考えを持つようになった。

当時、これらの星たちの住人達は宇宙連合のような組織を作っていた。

ただ、ポジティヴ側の生命体たちにはネガティヴな連中の考えや意図はまったくわからなかった。

そういう中、ネガティヴな生命体たちは徐々に支配する惑星を広げていった。

そして、あるとき、ついに、あなた方の祖先が住みついた星にもやって来たのだ。そこから先の歴史については、あなたが知っている通りだ」

「いつごろのことですか？」

「何十億年も前の話だ。時間は少し歪んでいるので、地球上の何十億年とは異なるが」

「オリオン座の星の現状はどうなのですか？」

「まだネガティヴな星もあるが、以前のような大戦とか、帝国とかはない」

「その時の帝国の連中はどうなったんですか？」

「いくらかは今の地球へやってきて、人間として生きていたり、あるいはラッシェルモアのように宇宙船で地球上空にいて、人類をコントロールしようとしている」

「ラッシェルモアはどうして私のことを知ったのですか？」

「スターラインズであなたがあちこちの星へ行ったり、F35へ来たりしたから、目に付いたのだ。それで、あなたのことをチェックしてみたら、わかったというわけだ。それぞれの人はその歴史を記録として持ち歩いているから、それを解読すれば、どういう歴史をもっているのかわかるのだ」

「スターラインズに私が来ることはわかっていたし、ラッシェルモアがチェックする可能性も分かっていたんじゃないんですか。意図的にやらせたのですか？」

「ある程度は予想の範囲内だ。彼を救い出すには、この手が効果的だと考えたのだ」

「危険があるのですが」

「それは大丈夫だと思う。我々がバックアップしているから」

「でも、彼のパワーも強力なんじゃないですか？」

「そうだが、あなたは自分で考えている以上にパワフルだ」

「信じられませんが」

「後はあなたがそれを信じるかどうかだ。信じればパワフルになる。でもさっきも言ったようにしっかりとトレーニングをしたから、大丈夫だ」

「ダジャレのトレーニングですか?」

「そうだ。ダジャレは世界を救う、だ」

「なんだか、うそみたいな話ですね」

「ま、いずれにしろ、彼に会う必要はあるだろう。ハートの問題を解決するためにも」

「他に何か知っておくべきことはありますか?」

「特にないだろう」

「あの祖父母にもう一度会いたいのですが」

「思い出してごらんなさい」

思い出してみる。すると、王が話し出した。

「無理を言ってすまない。おまえを危険な目にさらすことになるが、彼はまだ愛の心をもっているはずだ。子供に対しては特にそうだ。だから、おまえに頼むのだ。彼に愛を思い出させること。それができればいい。そうすれば取りつく隙ができる」

「わかりました。何とかしてみましょう。でも何と彼に言ったらいいんでしょうか?」

答えはなかった。

ということで、この話は本当ということだ。ラッシェルモアは私の父親だから、私が救出しなければならないということなのだ。

何だかますますスター・ウォーズと同じストーリーになってきた。息子であるルークが父であるダース・ベーダーを救う。

創造のプロセス

翌11月10日（火）、今日はフォーカス42で宇宙ステーション・アルファ・スクエアード（SSAS）にヴォイジャー8号をドッキングする。SSASはヴォイジャー8号同様、非物質のエネルギー体である。ただ、宇宙ステーションというとらえ方をすることもできる。

SSASもV8同様、船内にはさまざまな施設がある。スターラインズに初めて参加したころは、エネルギー体という印象が強く、うまく把握できなかった。最近ではかなり人間向けに改造されたということで、ドッキング後まず向かうところはホテルのロビーのような印象のところだ。そこで出迎えのヘルパーらに会い、彼らに案内されて船内の各施設へ向かう。

朝一番のセッションは、SSAS内のメモリールームを訪れ、そこで自分の歴史について学ぶというものだ。私は今回は別の質問をすることにした。

「プレアデス系の歴史について教えてください」

「あなたもかなり知っていると思います」

女性的な雰囲気の声が話し出した。

「アヌンナキがこと座の星やオリオン座にまず人間型の生命体を作りました。その一部がネガティヴになりました。一部のポジティヴな生命体たちはプレアデスへと移住しました。

その後も、何波かに分かれてやってきました。それらがここでさらにさまざまな生命体の形態をとって発展しました。非物質的なもの、物質的なもの、さまざまです。

あなたは昨日の話でわかるように、後から逃げてきた一派です。

あなたにはそういう記憶はありません。まだ生まれたばかりだったからです。大きな存在から分離して生まれたのです」

「大きな存在から分離したということと、ラッシェルモアが父親だということは、どういう関係にあるのですか？」

「創造には男性性と女性性が必要です。それが子供たちを作るのです。ただ、ラッシェルモアはネガティヴ思考になったため、大いなる存在であった自分から分離していきました。彼自身のいたF42的なレベルに留まれば、その内側の存在としてすべての子供たちを自分の意識の一部として把握できるのですが、分離してしまったため、それができなくなったのです。ネガティヴは分離する方向の力です」

「創造には男性性と女性性が必要とは？」

「**I／Thereクラスター・レベルの存在は一つなのですが、その内部に男性的側面と女性的な側面を持っています。**それがそういう存在として現れることも可能です。そういう具体的な形をとった場合に男性の存在と女性の存在というふうに把握できます。たとえば、あなたが会った屋久島の王と王妃です。あるいは、ディアナとか、そういう個としての存在です。でも、我々の真の姿は統一された1つの存在です。その内部に男女の性が含まれています。

その男女の作用から創造のプロセスが起こります。創造エネルギーはそういうふうになっているという言い方がいいでしょうか。2つの相反する力が組み合わさることで、生みだされる力なのです。

先ほどの屋久島の王と王妃ですが、彼らは本来1つの存在なのですが、2つに分離しているのは、彼らの思いの中に自由が若干疎外されているからです。息子がダークサイドに落ちたという悲しみの感情が彼らを束縛し、自由を奪っているのです、そのために、2つに分離した状態にいつまでもいるのです。今回の2012年のアセンションで、彼らも自由を取り戻すでしょう」

「どうもありがとうございました」

ここで得た情報を復習してみる。

ラッシェルモアは奥さんとの間に子供をもうけた。そこまでは彼はポジティヴな存在だった。あるいは、それほどまでにダークではなかった。その後、彼はダークになり、分離が始まったので、その後のことは把握できなくなった。

初めラッシェルモアと奥さんはF42的な1つの存在で、その内部の男性的な側面としてのラッシェルモアと女性的な側面としての奥さんだった。

これは非物質界での話だから、ふたりが夫婦と言っても、我々の次元で考えるようなのとはかなり違う。創造のために男女のふたりの存在というふうに現れたのだろう。

ところが、その後、ラッシェルモアはダークサイドになったので、このF42的な存在から分離することになる。だから、その後のことを彼はまったく知らないのだ。

次のセッションは、銀河系内でフリーフローだが、さらに質問することにする。

メモリールームへ行く。さっきの存在と交信する。
「創造のプロセスについてもう少し教えてください」
「どういう点を聞きたいのですか？」
「どうして2つに分かれてから創造するのかとか」
「これは宇宙の原理としかいいようがないでしょうね。男性性と女性性の融合が新たなものを生み出す。そのためにまず、自分を男性性と女性性に分けなければならない、この辺はそういう仕組みになっていると言うしかないです」

「一度別れて合体することが、新たなものを、子どもたちを生み出すのですか？」

「そうです」

「生み出された新たなものは未知なのですか？」

「完全に未知なわけではありませんが、個々の自由意思をもった存在ですので、この自由意思で自由に探索します。それは親の考えてもいなかったような新しい可能性を秘めています。**我々が新しいものを創造するのは、そうすることが可能性を広げるからです。言ってみれば、親の限界を子供たちが超えることができるのです**」

「そうなんですか、子供のほうが親の上を行くこともあるんですね」

「ある意味では、そうです。新たな可能性を切り開いていくのです。ですから我々はすべての子供たちに期待を持っているのです」

「未知の探索が我々すべての任務だとしたら、子供たちは新たな可能性を広げてくれるわけですね」

「そうです」

「あなたの意識レベルから見たら、我々は取るに足らない存在かと思っていましたが、そういう価値があるんですね」

「そうです。未知を切り開くという」

「道を切り開く、ですね」

「そうです。あなたのダジャレはパワーアップしてますね」

「そうですか？　これもあなた方のトレーニングのおかげです」

確か、スター・ウォーズのエピソード3でアナキンがオービ・ワンに似たようなことを言ってた。すべてオービ・ワンのトレーニングのおかげだと。

何を聞くんだったっけ？

「そうそう、創造のプロセスですが、あなた方の非物質のレベルではDNAとかそういうのは関係するんですか？」

「どういう意味ですか？　あ、わかりました。**我々は非物質的な存在なので、物質的な意味でのDNAはありませんが、それに相当する非物質の情報記録コードはあります。**それぞれが持っています。我々のレベルで言うと、I／TheクラスターのDNA的な情報コードがあります。**その中のいくつもの組み合わせから、子供たちを作るのです。**それはあなた方にも伝わっています。**あなたの全記録を収めた情報コードをあなたは持ち運んでいますが、その中には、我々のコードの一部が組み込まれています**」

「それと遺伝子DNAとの関連は？」

「深く関連しています。ただし、物質としてのDNAは、その中の一部のみを表したものです。あなたの肉体的な両親の持っているDNAをあなたは受け継いでいますが、それはあなたの非物質的な情報コードを表現するために使われています。**あなたの両親の持っているDNAのいくつもの組み合わせの中から、あなたの非物質的な情報コードが**

表現するのに適したものを選んでいます。だから、兄弟は同じ親から生まれたのに、才能や容姿、背丈で違いがあるのです」

「わかりました。ところで、ラッシェルモアが私の中に挿入したものが具体的に何なのですか？」

「それは非物質のデバイスです。２つ入っています。ラッシェルモアがその活性化のスイッチを持っていて、それをＯＮにすると、作動します。それにより、前に起こったように、いらいらしたり、性欲が増したりします。今我々のほうで、それを妨害していますす。彼がＯＮにしても、そちらでＯＮにならないようにしています。ただし、それが視覚情報を得るのをブロックしています」

「デバイスは取り外せないのですか？」

「残念ながらできません。彼がカギのようなものを持っているのです。それがないと取り外せません。効果はかなり抑えられてはいますが」

「それは困ったもんですね」

「でも心配には及びません。あなたにはダジャレパワーがありますから」

「そうですか」

まったく呑気なもんだ。これでいよいよラッシェルモアに会わないといけなくなった。どうしたものか。

アンドロメダ銀河との交信

その夜のセッションは、フォーカス49のイントロだった。

まずフォーカス34／35でV８に搭乗し、フォーカス42へ移行する。そこで宇宙ステーション・アルファ・スクエアード（ＳＳＡＳ）にドッキングする。そこからさらにＳＳＡＳと共にフォーカス49へ移行する。そこでＳＳＡＳは名前を宇宙ステーション・アルファＸ（ＳＳＡＸ）と変える。

フォーカス49をモンローは、いくつものＩ／Ｔｈｅｒｅクラスターが蜂の巣状につながって、無限の海のように広がっているところだと表現している。

フォーカス49からは、銀河系を離れ、お隣のアンドロメダ銀河や、他の銀河などに存在する自分たち（Ｉ／Ｔｈｅｒｅスーパークラスターのメンバーたち）を探索することが可能になる。

アンドロメダ銀河は我々の銀河系よりも大きい。銀河系から２３０万光年の距離にある。銀河系とアンドロメダ銀河は三角座Ｍ33など40個ほどの銀河と共に局部銀河群（ローカル・グループ）を形作っている。

銀河群よりも大きい集団を銀河団（クラスター）という。銀河系の近傍にあるものでは、おとめ座銀河団が有名である。これは１３００～２０００個の銀河が作る集団であり、我々から５千億光年ほどの距離にある。

我々の局部銀河群は、どの銀河団にも含まれていないが、おとめ座銀河団などと共におとめ座超銀河団（スーパークラスター）の一員である。おとめ座超銀河団は直径が2億光年あり、100個の銀河群と銀河団から成る。

この中核にはおとめ座銀河団があり、その中心には巨大楕円銀河であるM87がある。

フォーカス49からは、このおとめ座超銀河団にいるメンバーを探索することが可能なようだ。ただし、どの範囲までこのレベルで行かれるのかはよくわかっていない。

F42あたりから、例の薄茶色の細い線から成るパターンが見えてきた。これが立体構造を作っている。鼓《つづみ》のような構造が垂直方向に見える。

その構造が次第に形を変えていく。

F49、真っ暗な背景に、細い線から成るパターン。立体的な構造だ。

アンドロメダ銀河へ行くことにする。

真っ暗な中に白い細い線でできた渦が見えてきた。回転している。中央部の穴が大きい。交信する。

「何であるか、小さき者よ。そなたのことは知っておるぞ。前に何度か来たな」

ここで明かりをつけ、パソコンに記録を取りながら、進む。

「あなた方のような銀河の意識の発展、進化について教えてください。小さいところから進化してここまで来たのですか？」

「そうではない。大きなものから分かれてきたのだ。この中に多くの小さな者たちを育んで成長を促している。ここは発育の場だ。揺籃《ようらん》器だ。我々は別の宇宙で成長していた。そしてこの宇宙での発展の機会のことを聞きつけて、ここへやってきたのだ。多くの銀河たちが同じように別の宇宙からやってきている。集団でやってきて、ここに来てから分裂し銀河となった。集団は、今でも銀河団や超銀河団という形でつながっている」

「泡構造はどうしてできたのですか?」

銀河の集団である銀河団や、さらにその集団である超銀河団は、さらに大きな泡構造の一部になっている。それについて聞いたのだ。

「超銀河団どうしがつながってさらに大きな意識構造を作っているのだ。互いにつながって網の目のようになっている。それが3次元的には泡のように見えるのだ。だから、その間には何もない空間が広がっている。Ｖｏｉｄ（ヴォイド）だ」

「ダークマターはなんですか?」

ダークマターとは宇宙の構成要素のひとつとして存在することが知られているのだが、素姓が何かはまったくわかっていない代物である。光らないのでダークマター（暗黒物質）と呼ばれている。物質宇宙の全エネルギーのうち、我々の知っている水素とかヘリウムなど通常の物質は4％しか占めていない。22％がダークマター、残り74％はダークエネルギーが占めている。ダークマターもダークエネルギーも現代物理学で解明されていない謎の存在である。

「ダークマターは銀河を作る重要な要素だ。これなくしては銀河はばらばらになる。目に見えないが重要な構成要因であるのに変わりはない」

「具体的には何なんですか？」

「あなた方の物理学では検出されていないが、こういう物質があるのだ」

「物質ですか？」

「そう。物質といっていいだろう。ただ、通常の電磁波は出さない。まだ知られていない力の作用は受ける。重力の作用は受ける」

「変わった物質ですね」

「そうだ。あなた方の地球上ではさして大きな意味をなさないので、これまで検出されていないだけだ。それが作用する第5の力が分かれば、検出できるだろう」

「それが何かを知るためのヒントはありますか？」

「銀河の動きを観察すれば、それがどういうものかわかるはずだ。人類にはまだまだ学ぶべきことはたくさんあるのだよ」

「そのようですね。どうもありがとうございました」

「また会おう」

おとめ座A（M87）訪問――フォーカス369

翌11月11日(水)、フランシーンによれば、11が重なる今日は数秘術的に重要な日とのこと。朝一番のセッションでは、フォーカス49でおとめ座超銀河団を訪問する。

我々の銀河系を含め局部銀河群はこの超銀河団の片隅に位置している。おとめ座超銀河団の中核をなすのはおとめ座銀河団である。その重心にはM87（おとめ座A）と呼ばれる巨大楕円銀河がある。

F49に着いた。網の目のような、かごのようなパターンが例によって見える。どこへ行こうか考える。おとめ座超銀河団の中心にあるおとめ座AつまりM87に行くことにする。そばにいるはずのガイドにお願いする。

「どうやって行くんですか？」

確か以前遠くへ行った時は、シールドをしっかり作らないと危ないというようなことを言われたことを思い出した。

「銀河系から他のあちこちの銀河へチューブがつながっているんだ。その中を移動すれば、安全にすばやく移動することができることがわかったんだ」

ガイドがそう言った。

前回はこの方法では行かなかったことを考えると、ごく最近になってわかったという印象だ。まだまだわかってないことが多いようだ。

細い線から成る網の目のチューブの中を前進する。これ以外にもいく本ものチューブがもつれているような、そんな光景が暗い宇宙空間を背景にうっすらと見える。

しばらく進むと、ガイドが言う。

「もう少しスピードアップしないといけないね」

ちょっと速度を早め前進して行く。

しばらく行くと、暗い空間に出た。よく見ると、白い光の塊がそこら中にある。それぞれが銀河だ。ここはおとめ座銀河団だ。

ナレーションがちょうどおとめ座銀河団について説明している。２５００個の銀河があるとのことだ。その中心部へ行く。

球体が見えてきた。金属か何か固いものでできているのか、表面がフラットで、鈍く光っている。スター・ウォーズのデススターのような人工的な構造物という見え方をする。

これがおとめ座Ａだ。

交信をしたいと思う。交信していいかガイドに確認すると、どうもＯＫと言ってるようだ。

「小さな者ですが、交信していいですか？」

「いいとも。我々はあなたが来ることをずっと待っていたんだよ」

そう言われたので、ここから先は明かりをつけ、パソコンに記録を取りながら、交信を続けることにする。

「我々はあなたがここに来ることを待っていたんだよ。あなたはびっくりするかもしれないけどね。みなウェルカムだ。ここへ来ることになっているんだ。こういう流れの一つの終着点として、進化の途上でここへやってくることになっている。あなたはその流れに乗り、今ここに到着した。ここまで来られておめでとう」

「よく意味がわかりませんが」

「わからないかもしれない、わかるのに後何年もかかるかもしれない、一生かもしれない。でも**ここへ来たという事実は、変えられないひとつの重要な要素となってあなたに付け加えられた。これはあなたに大きな変化をもたらすと同時に、ここへ来れたということはすでに大きな変化を遂げたということをも意味する**。

まだよくわかっていないようだね。ここまで来た道のりを思い返してごらん。いろいろあっただろうがすべて無駄ではなかったんだよ。ここへ来るために必要だった。あなたはスターゲイトの先での体験のほうがここへ来ることよりも重要だと思うかもしれない。そうではない、スターゲイトの先での体験は重要だが、それはここへ来るために必要なステップだったのだ」

「わかるように説明してください」

「ここのエネルギーは特別なのだ。ここは超銀河団の中心部、ということはフォーカス的にはF49をはるかに超える高さだ。ここがどのくらい高いかわかるか」

「いえ」

「ここは**119**よりも上だ。あなたの計算が間違っていた。源はもっと上だ。**ここは**

369。そういう値自体それほど意味をなさないが」

以前、すべての源のレベルをフォーカス**119**と計算していたが、それは間違いだった

ようだ。

「**ここでは意識の統合が完璧に行なわれる**。**この位置まで来れたということはそういう**

ことだ。あなたはまったく理解できないと思うが」

「自分の中でそういう統合が行なわれたということですか？」

「そうだ。そういうことだ。それがわかるのに一生かかるのだ」

「……」

「あなたは自分のパワーに気が付いていないようだ。これまでに何度もいろいろな機会

にそう言われてきたが、そう信じていない。でも、実際そうなのだ。これから徐々にわ

かるようになる。手始めにラッシェルモアに会ってみるといい。あなたのパワーは彼の

比ではない。自信を持って会うことだ。あっけなく事が済むのであなたは、あっけにと

られるだろう。そういうことなのだ。あなたはなぜおれなのか、と疑問に思っていたが、

それだけあなたがパワフルだということだ」

「まったく実感がないです。家内ひとりでも手一杯なのに」

「ふふふふ。大丈夫。理解してもらってますよ、今でも。心配は無用だ。それよりもあ

なたは自信を持って、そのパワーを生かすことをどんどんやっていくといい。いろいろなことがこれから展開していくだろう。それに乗って、力を生かすことだ。幸運を祈る」

「は、はい。」

M87のフォーカス・レベルは369だという。369とは、日本語では、「みろく」とも読める。弥勒と関係するのだろうか、それとも単なる偶然か。

次のセッションは、おとめ座超銀河団というタイトルのセッションで、再びおとめ座超銀河団を訪れる。開始まで5分ほど休憩をとった。その間、ジュースを飲む。

セッションが開始になったので、ベッドに横になり、目を閉じると、さっきの球体が見える。まだつながったままのようだ。

「あのー、交信をしてもいいでしょうか」

おそるおそる聞いてみる。

「あーかまわないよ」

「さっき言われたことがぜんぜん理解できないんですが」

「あなたは大きなあなたの一部だ。あなたのI/There、I/Thereクラスターの中の、ごく限られた知覚の中に閉じ込められた一部だ。私たちが言ってるのは、大きなあなたが統合されたという意味だ。

あなたはそれに気が付いていない。あなたの知覚は非常に狭いところに限定されている。だからわからないのだ。でも、その一部であることに間違いない。**あなたの全体が統合された。その結果として、あなたはそれを代表して今回ここまでやってきたのだ。**

あなたにはそういう自覚はないが、あなたが来たということはそういうことなのだ。

あなたは確かに小さな一部でしかないという自覚を持っているが、それは本当にそうなのだろうか、こう疑問を持ってもいいだろう。あなたは自分で自分に限界を作っているだけなのではないだろうか。**あなたが望むなら、あなたのＩ／Ｔｈｅｒｅクラスター全体があなたになるということも可能なのではないだろうか。そういう可能性に対して自分をオープンにしたほうがいいだろう。あなたはあなたが考えている以上にパワフルなのだ。**

これは実はみなに言えることだ。みな、Ｉ／Ｔｈｅｒｅクラスターとしての自分を自覚することだけでいい。そうすればパワフルになる。その自覚さえ持てればいいのだ。

覚えていてほしいのは自分で自分を制限しているだけだということだ。その制限さえはずれれば、あなたはＩ／Ｔｈｅｒｅクラスターになる。そのパワーたるもの、ものすごいものがある」

「そういうことだったんですか。でも統合されたとはどういう意味ですか？」

「その意味については、あなたは一生かけて理解していくことになる。Ｉ／Ｔｈｅｒｅ

クラスターのさまざまな側面が統合されたのだ」

「すると、これまでとどういう違いが生じるんですか？」

「これまでは統合のためのさまざまな活動がなされてきた。それが終わることになる。その次の段階へ進むことになる。それはＩ／Ｔｈｅｒｅスーパークラスター・レベルでの統合だ。モンローの言ったことを覚えているだろう。複数のクラスターのすべての部分を集めないといけないと。この大きな流れの一環として、あなたのＩ／Ｔｈｅｒｅクラスターも統合の過程にあったのだが、これであなたの分は完結した。**他の人のＩ／Ｔｈｅｒｅクラスターはまだ統合の過程にある。これからはその手助けをする。**

実はあなたはヘミシンクを勧めることで、セミナーを開くことで、すでにその作業を積極的に行なってきている。これは今後もますます続くだろう。

ただ、今始めているピラミッドの研究、これがさらに重要な意味を持ってくる。これにより、多くの人が高い意識に上がることができるようになり、その結果、統合の道を進むことができるのだ」

「私が考えている以上にパワフルだとおっしゃいましたが、それはどういう意味なんですか？」

「文字どおりの意味だ。あなたはパワーを持っているということ。それに気が付いていないだけということ。知覚が狭い所に制限されているから、解放されていないだけだ」

「どうやったら知覚を広くできるんですか?」

「それはヘミシンクやピラミッドが効果を発揮するが、その前に、あなた自身が、そういうことを自覚する必要がある。あなたも気がついたと思うが、こういう高い意識レベルに楽々来られるだろう。交信も簡単にできる。これ自体、実はすごいことなのだ。こういうことが当たり前のことのようにできる人はあまりいない。これはパワーの一面を表している。後は他の面でも気がついて活用していけばいいのだ。自覚すること、活用することが大切だ」

「スプーンとか曲げられませんけど」

「はははは、そういうことが必要だとは思ってなかったな」

「なんだか、ロバート・モンローの本に出てくる会話みたいですね」

モンローの『究極の旅』のどこかに、エクスコムとの交信で、似たようなやりとりがあった。

「ある意味同じ局面にいるのだ。あなたはそういう能力は必要ないと思っているから、出てこないだけだ。意識には無意識領域がある。この前、あなたは本でそう書いたばかりだった。だから、無意識を明らかにし、それを変えていかないといけないと、書いただろう。そうなのだ。あなたは無意識に、そういうスプーン曲げのような能力は必要ないと思っている。だから現れないのだ」

「どうやったら、変えられますか?」

「まずは顕在意識で変えることが必要だ。それから、それにかかわる恐怖や心配、不安という要素が自分にないか調べてみることだ。それらは隠れているので、リリース&リチャージをやってクリアにしていくことが大切だ。そうすれば、徐々にできるようになる」

「ということは、あなたが私がパワフルだと言うのは、潜在能力を含めているのですね」

「そうだ。ただ、**我々の視点からは、潜在能力も顕在能力も同じなのだ。それを使うか使わないかは、本人の意思が決めているだけだ。**無意識と言えども、意思に違いはない。自分で選択しているのだ。**第4密度へ上がると、無意識、潜在意識というものがなくなり、すべて顕在意識になる。そして自分の能力をフルに使えるようになる。**あなたがやっているすべてのことは、実はこの無意識を顕在化させることなのだ。それが第3密度から第4密度へ移るということに相当する」

「どうもありがとうございました。何だかまだよく理解できていないと思います。後でじっくりと内容をかみしめてみます」

「ここへいつでも来てもいいですよ」

「どうもありがとうございました」

次のセッションは、フォーカス49でフリーフローだ。『死後体験Ⅱ』などにも書いたが、アンドロメダ銀河には地球とよく似た惑星がある。このセッションではそこを再訪することにする。

アンドロメダ銀河が見えてきた。今度は白線から成る構造だが渦はそれほど明確ではない。

ここからアンドロメダ銀河の中へ入っていく。

「ここの人類の歴史について若干お話ししよう。ここはオリオン人とシリウス人たちが地球人類のバックアップとして作った。今地球に生きている人類の中にはここの間で輪廻する者もいる」

ベッドから出て先を続けようとしたが、うまくいかないので、ベッドに入りなおすと、その先、クリックアウトしてしまった。

クラスター・カウンシルとの交信――ディアナの素姓

午後最初のセッションは、銀河系コア探索とイントロ・クラスター・カウンシルというタイトルのセッションである。フォーカス49で銀河系のコアを探索した後、クラスター・カウンシルと会う。クラスター・カウンシルとは、自分の属するI／Ｔｈｅｒｅクラスターとその関連するいくつものI／Ｔｈｅｒｅクラスター全体を代表する存在たちのことである。

銀河系コアに近づく、渦が見えてきた。

交信開始。銀河系が話し始めた。

「あなたには以前お会いしましたね。ずいぶんと大きくなられましたね。よくここまで来られました。常に成長する努力をなされていて、すばらしいことです。このまま努力を続ければきっとすばらしい銀河大使になられるでしょう。これからの活躍に期待しています。

今回、多くの日本人の方をお連れくださり、ありがとうございました。あなたはあなたが考えていらっしゃるよりもはるかに多くの貢献をなされているのですよ。自信をお持ちください。いつもいつも愛されているのですよ。心配なさることはありません。私も含め、多くの精霊たちがあなたを愛し、慈しみ、心を寄せて、サポートしてくれています。このままその道をお進みください。何にも心配はないのですよ」

「あなたはアンドロメダ銀河と愛し合っているのですか」

「そうです。深い愛に包まれています。お互いに尊敬し愛し合っています」

「どうもありがとうございました。行かなければ」

ナレーションがV８へ戻るように言っている。

さらに、ＳＳＡＸ内のメモリールームへ行く。

そこでクラスター・カウンシルを待つ。

ここは丸い部屋だ。中央にある丸いテーブルのまわりに、ずらっと存在たちが並んだ。

自分もテーブルについている。全員はエネルギー体なのかはっきりとは把握できない。交信開始。明かりをつけ、パソコンをオンにする。

「今つながっているでしょうか?」

「うまく交信ができているので、始めていい」

「あなた方はプレアデス系のトップなのでしょうか?」

「そうだ」

「どういう経緯でここへ来たのでしょうか、私が聞いた話は本当でしょうか?」

「そうだ。時間がないので手短に言う。あなたが聞いたことはすべて真実だ。**ラッシェルモアは本来ここにいるべき存在なのだ。ディアナは彼の妻だ**」

「えっ、そうなんですか?」

「そうだ」

「なんで私なんですか?」

「彼はあなたには愛情を感じるからだ。我々には愛情を感じない。だから、あなたしかこの任務はできないのだ。やってくれるか。期待している」

「そうですか。あなたはだれですか?」

「トート、知恵を代表する存在だ」

「他にメッセージは?」

「我々全員が後ろについているから、大丈夫だ。安心したまえ」

ディアナがラッシェルモアの妻とは驚きだ。ということは、**ディアナは私の母**ということか。あの軽やかで慈悲深い天女、女神が母とは。

ここで思い出したのだが、以前プレアデス系のトップの存在たちを順にバシャールから教わったときに、10人目に月を司る女神としてディアナが出てきた（これについては、『分裂する未来―ダークサイドとの抗争』のP96に出てくる）。

そのとき、なぜか、何とも言えない懐かしさを感じて、涙が出そうになった。どこか遠い昔に夫婦だったのかと疑ったほどだ。これでわけがわかった。ディアナは母だったのだ。

総まとめのセッション

次のセッションは、スターラインズの総まとめのセッションである。タイトルはTransmutational Link-up。

フォーカス27で地球コアへ行く。そこの存在たちから、２つのバッグいっぱいのお土産をもらった。これを持っていくのだ。

フォーカス49でSSAX内のメモリールームへ。しばらく待つと、クラスター・カウンシルのメンバーが２名ばかり現れた。エネルギー体なのかはっきりとは把握できない。

「今回はもちろんスターゲイトを通過していっていい。我々もいっしょに行く。他のメンバーは別の部屋から行く」

目の前に丸いゲートが見えてきた。まるで映画『スターゲイト』に出てくるものみたいだ。丸い輪に文字が彫ってあるようだ。

その中央の穴の向こうにはトンネルが続いている。その中へ入っていく。先へ進んでいく。

トンネルはくねくねと曲がっている。

だいぶ進んでトンネルから出た。そこは、丸いうす紫色の球体が無数に並んでいるところだ。前にも来たことがある。

さらに進もうとするが、どちら向きに行くのかわからない。ただガイドたちが一緒なので任せる。

前方へ移動。いろいろなうまく表現できないところをさらに進む。色と模様のところだ。

だいぶ来た。ここはどこだろうか、わからなくなった。

「小さき者よ、安心するがいい。ここは源だ。あなたはまたやって来たのだ。この源まで」

「記録を取り始めていいですか」

「いいとも。あなたはしっかりとロックされている。記録を取り始めるがいい」

「何を質問すればいいのでしょうか？」

「あなたはラッシェルモアのことを尋ねたいのではないのか」

「は、はい」

「すべて聞いたことが正しいのだ」

「それではわたしが次のレベルへ進むには何が必要ですか？」

「それは今やっていることをそのままやり続ければいい。あなたには必要なエネルギーがどんどん流れ込んでいる。手助けも来ている。

ここには未知がたくさんあるが、喜びとわくわくがいっぱいだ。未知の探索ほど楽しいことはない。あなたの理解を超えたことが多くあるが、あなたの理解できる言葉で表現するとそうなる」

「理解するにはどうすればいいのですか？」

「知覚を広げるしかない。知覚を広げるには、体験すること、それしかない」

「ここへ来る体験はどうなでしょうか？」

「大いに役立つ。もっと多くの人に来てもらいたい。知覚を広げる直接的な方法だ。あなたには感謝している」

「えっ。そんな。逆でしょ」

「あなたは多くの人に機会を与えてくれている。これはすばらしいことだ。これからも期待している。他に何か知りたいことはないか」

「そうそう、ピラミッドの原理について」

「**高い次元のエネルギーを低い次元に下ろす装置だ**。その原理は単純だ。あなたにも理解可能だ。しっかり考えたまえ」

「ヒントは？」

「**上の如く、下も然りだ**」

「うーむ」

「よく考えてみてごらん。楽しんで。小さき者よ。今回はここまでだ」

「えっ、そうなんですか」

「そうだ」

「わかりました。ありがとうございました」

さてと帰らなければ。タオルをかぶり、暗くする。

トンネルがうっすらと見える。その中を進んでいく。トンネルの表面には薄白い丸がいくつも並んでいる。そういうところをしばらく行く。

すると今度は薄暗い中にいろいろなパターンが見える中を進み、さらに潮の流れのような縞模様のところを通っていく。渦が見えてきた。

「おかえりなさい」

銀河系だ。

「ヴォイジャー8号のところへ行きやすくしてあげるわね」

そう言うと、左手の流れの中に、シルエットでツバメのような船体が見えてきた。そこへ向かう。

いつの間にか中へ入ったのか、メモリールームらしきところへ帰ってきた。目を開けて記録を取る。

ナレーションに従い、地球コアへ向かう。

地球コアへ着くと、出迎えの存在たちが言う。

「熱いです。あなたはすごくたくさんのエネルギーをもってきましたね。でも、うれしいです。これを地球のコアに埋め込んでください」

途中で気がついたのだが、手のひらがビリビリする。

C1帰還。

外堀は埋められた

今回のスターラインズで、自分の出自が明らかになった。

ラッシェルモアが父で、ディアナが母である。屋久島で会った高次の存在たちは父方の祖父と祖母である。彼らは遥かな過去にオリオンのある星で王と王妃と呼べるような地位にいた。彼らの息子であるラッシェルモアはオリオン大戦を通してダークサイドに落ち、皇帝になった。

ラッシェルモアと妻であるディアナには複数の子がいた。モンローと私はその中のふたりである。ラッシェルモアは、子の存在に気づく前に、ダークサイドへ落ちたので、集合意識から分離し、そのため、子供の存在を知る機会を逸した。

ディアナと祖父母はオリオンを離れ、プレアデスに逃げた。その辺境の星にモンローと私を隠した。祖父母はさらに地球へ来て、屋久島に結界を張って隠れ住んだ。

ディアナは地球の人類を導く指導的なグループの一員になった。

ラッシェルモアはその後、地球へ来て、人類を支配しようとさまざまな策略をめぐらしている。

私は２００９年10月に屋久島を訪れた際に、そこの高次の存在である祖父母に、ラッシェルモアをダークサイドから救出するようにと頼まれた。そのとき、なんで私なのかと疑問に思った。

今回、彼が父親ということがわかり、納得できた。しかも、彼が私の中に入れた２つのデバイスを取り出すには、彼がポジティヴ側に戻り、それに同意することが必要ということなら、なおさらである。

今回会った高次の存在たちはみな口をそろえて、私はパワフルだから大丈夫だと言う。みながバックアップしてくれるとのことだ。

これでいよいよラッシェルモアを救出せざるを得ない状況になってきた。外堀は埋められたのである。

この章でわかったことのまとめ

（1）今後は、共鳴意識状態が一般的になる。人々の意識があらゆるものと共鳴し、より調和のある世界になっていく。地球意識や惑星意識、太陽系意識との共鳴、自然界のあらゆるものとの共鳴が起こるようになり、共感を持つようになる。

（2）愛をこの物質次元で周りの空間へ放出することがまわりへの奉仕であり、また源の愛の恩を返すことになる。それは喜びであり、自分も満たされる。すべての生命体は同じことをしている。

（3）シリウスのそばに住む生命体からのメッセージ：自分を愛し、他人を愛し、今を楽しむ。

（4）ラッシェルモアは、私とモンローの父だ。

（5）I／Ｔｈｅｒｅクラスター・レベルの存在は1つだが、その内部に男性的側面と女性的な側面を持つ。その男女の作用から創造のプロセスが起こる。新しいものを創造するのは、それが可能性を広げるからである。親の限界を子供たちが超えることができるのだ。

（6）I／Ｔｈｅｒｅクラスター・レベルの存在は非物質的な存在なので、物質的な意味でのＤＮＡは持たないが、それに相当する非物質の情報記録コードはある。その中のいくつものの組み合わせから、子供たちを作る。個々人の全記録を収めた情報コードを個々人は持ち運んでいるが、その中には、非物質の情報記録コードの一部が組み込まれている。個々人の肉体上の両親の持っているDNAのいくつもの組み合わせの中から、個々人の非物質的な情報コードを表現するのに適したものを選んでいる。

(7)M87へ来たという事実は、変えられないひとつの重要な要素となって私に付け加えられた。これは私に大きな変化をもたらすと同時に、ここへ来れたということはすでに大きな変化を遂げたということをも意味する。ここでは意識の統合が完璧に行なわれる。この位置まで来れたということは私のI/Thereクラスター全体が統合されたということだ。その結果として、私はそれを代表して今回M87までやってきた。

(8)M87のフォーカスは369。

(9)私が望むなら、私のI/Thereクラスター全体が私になるということも可能だ。そういう可能性に対して自分をオープンにしたほうがいい。私は私が考えている以上にパワフルだ。これは実はみなに言えることだ。みな、I/Thereクラスターとしての自分を自覚するだけでいい。そうすればパワフルになる。

(10)他の人のI/Thereクラスターはまだ統合の過程にある。これからはその手助けをする。

(11)M87の視点からは、潜在能力も顕在能力も同じだ。それを使うか使わないかは、本人の意思が決めているだけだ。第4密度へ上がると、無意識、潜在意識というものがなくなり、すべて顕在意識になる。そして自分の能力をフルに使えるようになる。

(12)ディアナはラッシェルモアの妻だ。つまり、ディアナは私の母である。

（13）ピラミッドは高い次元のエネルギーを低い次元に下ろす装置だ。その原理は単純だ。ヒントは上の如く、下も然り。

6章　スターラインズⅡ

引き続き「あたみ百万石」で、翌日11月13日(金)の午後1時からスターラインズⅡが始まった。参加者は27名。アクアヴィジョン・アカデミーのトレーナー8名が全員参加している。昨日までの倍以上の人数がミーティング・ルームに集まると、部屋は期待と熱気で一杯になった。今回は日本で初めての開催だから、うなずける。多くの人が待ちわびていたのだ。

このプログラムは2008年3月に第1回がモンロー研で開催された。その晴れある第1回に私も参加した。その初日、参加者が期待で顔を輝かせていた。そのときの様子をふと思い出した。

参加者の自己紹介の後、フランシーンがこのプログラムの開発の経緯について話した。手短に書くとこうだ。

2007年の夏至のころ、スターラインズⅡを作るようにとの啓示を得た。2003年にスターラインズを始めてから4年が経っていた。新しいプログラムの開発などまったく考えてもいなかったときだったので、驚いた。次第に情報をもらい、９か月かけてプログラムを完成させた。

　次にフランシーンはプログラムの目的について話した。その要点をまとめることにする。まず、スターラインズに引き続き行なうことがいくつかある。

　それは、地球コアと銀河系コア間のエネルギーの通路をF49を超えて強めること。そして、I／There、I／Thereクラスター、I／Thereスーパー・クラスターやさらにその上のレベルにいる自己の側面を集め、リ・メンバーする（思い出す、再びメンバーにする）ことである。それによって、より大きな全体性（Wholeness）とワンネスを体験する。また、こういうレベルのガイドとつながるようになる。

　それから、このプラグラムとして新たに行なうことはいくつもあるが、その中の特に重要と思うものを紹介する。

　微細なエネルギー体を強化することで、時空の内側と時空を超えた領域で、さらに自由に体験、表現できるようにする。

　現代物理学についての理解を深め、それと精神世界の関係について調べる。

　エジプトやマヤなどの古代文明で知られていた次元シフトに関する英知を探究する。

　２０１２年に関する予言について理解を深め、その機会を活かせるようにする。

　フランシーンによれば、このプログラムでは、天文学の知識についての詰め込み教育はやらない。

その代わりに、最先端の生物学や物理学、あるいは古代エジプトにおけるシンボリズムなどについてわかりやすく解説したYou TubeやＤＶＤをふんだんに見る。

具体的には、『思考のすごい力』（PHP研究所）で知られるブルース・リプトンのエピジェネティクスについてのYou Tube映像、古代エジプトやキリスト教におけるシンボリズムとその意味について研究したウィリアム・ヘンリーの講演ＤＶＤ、超ひも理論についてわかりやすく説明したブライアン・グリーンのＤＶＤ、現代物理についてのミチオ・カクのYou Tube映像などである。さらに、２０１２年について数々の研究者がいろいろなことを述べているが、それぞれのサマリー（要約）をフランシーンが紹介する。

これらの内容はどれも濃厚で、とても1時間程度のビデオやプレゼンに収まりきらないものばかりである。参加者はセッションの前に、こういう膨大な情報を浴びることになる。終了するのは毎日夜の11時ぐらいになった。

こういった情報はスターラインズⅡでの学びのかなりの部分を占めるので、ここに紹介すべきだとは思うが、残念ながら紙幅の関係で一切触れないことにする。

以下、セッションでの体験に絞ってお話しする。

ラッシェルモアと会う

翌11月14日(土)、最初のセッションはフォーカス34／35でのフリーフローだ。自分として、やっとラッシェルモアと対峙する覚悟ができた。

ラッシェルモアはこのフォーカス・レベルにいる。以前何回か会ったときは、いつもこのレベルで、地球上空に待機する宇宙船内だった。

彼のダークサイドのパワーに翻弄されて、ネガティヴ側に落ちてしまう危険性はゼロではない。でも、ジョークパワーがあるから大丈夫だとみなに太鼓判を押されたのも事実だ。そうは言うが、彼にジョークは通じるのだろうか。

一抹の不安を抱きながら、彼に会う決心をして、このセッションに臨んだ。

F27の向こうのモンロー研の水晶へ。水晶が草原に立っているのが見える。トレーナーのみーさんがハグしてきた。そのまま地球コアへ。途中で、トレーナーのももさんに変わった感じがする。

地球コアと向こうのモンロー研の水晶の間を何往復かして、そのままF34／35へ。

ヴォイジャー8号内に来た。

父（肉親の父）がイスに座っているのが一瞬見える。注意を向けるとAさんに見える。また意識を別のほうへ向けると、父が見える。変だ。でも、似たようなことは以前もあったので、気にしないことにする。

他にも参加者たちが何名か把握できる。

PODに乗り込み、ラッシェルモアの宇宙船へ向かうことにする。

やがて、暗い空間に宇宙船が見えてきた。中央部が高くなっていて、窓がいくつも並んでいるのが見える。

内部へＰＯＤごと入っていく。

先に通路がある。そこを進む。

大きな部屋へ来た。一段高くなったところに、黒っぽいフードの付いたマントを着た存在が立っていた。

「ここへ来ることは予想していた。よく来られた」

ラッシェルモアはそう言うと、向こうへと歩いていった。

ついていくと、丸い部屋に来た。

向かいには大きな窓があるのか、暗い宇宙が一望できる。

「我々はすぐれた技術を持っているので、ここから全宇宙が一望できるのだ。おまえと力を合わせて、それを統一していこうではないか。まず手始めに地球からだ。地球を支配しよう。そして太陽系、銀河系のこの部分、さらに銀河系全体を支配するのだ」

私は黙っている。

「おまえは何かを持ってきたのか。ここへ来たのは何かわけがあるらしいな」

無言でいる。

「私はおまえには何か特別な思いを持つのだ。何か長い間忘れていた感覚だ。おまえに前に会ってからずっとその感覚を思い出していたのだ」

彼は、何かの感覚を必死に思い出そうとしている。

「これは……愛だ。長い間《あいだ》ずっと忘れていたが、これは愛だ」

彼はこちらを向く。

「おまえのことを思うとこの感覚が思い出されてきた。この愛。今、それがどんどん大きくなってくる。

そうだ、思い出したぞ。私は純粋な光の一族だったのだ」

黒い服が落ち始めた。1枚落ち、2枚落ちと、どんどん服が脱げていく。

「そうだ、私は王子だったのだ。光の一族の王子だったのだ」

さらに服が脱げていく。少し細身になった。

「そうだ、おまえには悪いことをした。あのデバイスを取り出そう。破壊する」

2つのデバイスが私の体から離れると、窓のほうへと飛んでいき、床に落ちた。

「これであなたは自由だ。私は何とバカなことをしてきたのだろうか。みなに謝らねばならない。何とバカなことをしていたのだ」

服が落ちていくと、次第に薄い色の服になっていった。

「私は純粋な光の一族だったのだ。純粋な光の一族！」

彼は両手を天に突き上げると、大きく喜びを表した。

「この喜び、長い間、すっかり忘れていた感覚だ」

彼はうれしそうに手を上げて踊り出した。すると、宇宙船を覆っていた黒い闇が晴れ、光が周りの空間にショックウェーブ（衝撃波）をつくって広がっていった。

「あなたはもう自由の身だ。ありがとう。あなたにはやるべきことがあるだろう。好きにするがいい」

私は、透明になった宇宙船を離れていく。

宇宙船は次第に小さくなっていった。

何か、まわりで「おめでとう、よくやった」と言っているような印象がある。

「思ったよりも、簡単だったでしょう。後は私たちに任せてください」

そう声が言うのが聞こえる。


忘れないように、ここで明かりを付け、記録をとることにした。

何だか肩の荷が下りたような気がする。ほっとした。言われていたように意外とすんなりことが運んだ。ラッシェルモアの救出が無事終了し、ほんとに良かった。これでここから先のセッションはリラックスしてできる。


次のセッションは、Ｆ34／35で太陽系内でフリーフローだった。

ヴォイジャー8号に着いた。外へＰＯＤに乗って出る。

同乗のヘルパーが言った。

「これによってオリオン系のダークサイドがかなり弱体化するので、この効果は物質次元でも表れてくるだろう。キム・ジョンエルとか彼の影響下にあった人たちが変わってくるのだ。具体的な形でこの成果を目撃することになる。楽しみにしているといいだろう。あなた自身についても、これで解放のプロセスがさらに進むことになる」
「ラッシェルモアは今、どうしているのですか?」
「F42の宇宙ステーション・アルファ・スクエアード（SSAS）の中でヒーリングを受けているところだ。多くの癒しが必要とされているのだ」

メモリールーム――ラッシェルモアのその後

午後のセッションは、F42でメモリールームを体験する。

F34／35でヴォイジャー8号内へ。水晶をチャージして、F42へ。

F42に着いた。例の意識の糸のパターンがうっすらと網の目状に見える。

ヴォイジャー8号を宇宙ステーション・アルファ・スクエアードにドックし、宇宙ステーションの中へ入る。

赤いカーペットが敷かれたロビーへ来た。ナレーションに従い、ガラス製のエレベーターに入る。ももさんがいるようだ。他に4、5名いる。ヘルパーたちもいるようだ。

ここでラッシェルモアに直接会おうと思うが、それはできないとのことだ。今はヒーリングのプロセスの途中だからだ。

自分のプライベート・スウィートへ導かれる。

明るい部屋へ来た。奥のメモリールーム内へ入る。

暗い空間だ。そこで交信を開始する。

「ラッシェルモアのその後について教えてもらえますか？」

「彼は今、この宇宙船内で癒しのプロセスにある。奥さんであるディアナと会うこともその過程の重要な要素である。愛情が癒しを加速するのだ」

男性と女性の姿がうっすらと見える。女性は男性の肩ぐらいまでの高さだ。抱き合ったままじっとしている。ゆっくりと噛みしめている様子だ。

「彼はこれからさまざまな癒しのプロセスを経る必要がある。多くのことがらを癒し、解放する必要があるからだ。

彼が戻ってきたことはクラスター・カウンシルにも、プレアデス系全体にも大きな影響がある。その元になったオリオン系にも影響がある。

また、地球の人類にも大きな影響がある。彼の影響下にあった多く人が解放された。

また、彼の下で働いていた異星人たちも、その影響から解放されたので、今、癒しと教育のプロセスへと導かれている」

気がつくと、少しぼーとしていた。ここは、この場にいるだけで癒される感じがする。

ちょっと意識の集中を切らすと、眠りのほうへ入っていきやすい。

「あなた自身にも大きな影響がある。解放のプロセスはこれでスムーズに進むことができる。ここで癒されるのがいいだろう」

銀河系内でのフリーフロー

夜のセッションは、Ｆ42で銀河系内でのフリーフローである。


プレアデス星団へ行くことにする。ＰＯＤに乗り込む。

自分では行けないので、ガイドに連れて行ってもらうことにする。

次第に前方に丸い球がうっすらとたくさん見えてきた。泡のような、でも表面はある程度固い透明の球が大小さまざまある。

これは星だ。プレアデス星団の星たちだ。

この前会った存在を探す。うまく見つからない。

その後、何かの存在と会話をしたが、その内容は忘れた。

次いで、上のほうの存在、クラスター・カウンシルに会うことにする。

明るい所へ出た。宇宙船内のようだ。何か医者の診療室のような印象のところだ。人間の女性の姿が一瞬見える。

「今回ラッシェルモアを救出してくだされ、とても感謝しています。はるかな過去からの懸案でしたから。あなたは素晴らしいことをしてくださいました。あなたの果たしたことに大いに感謝します。

ここは多次元空間です。この中をしばらく探索しますか？」

確か前に来たときに多次元空間はあまり体に良くないようなことを言われたことを思い出して、躊躇している。

ところが、結局、この多次元空間にしばらくいることになった。白っぽい空間だが、どうも宇宙船の内部でもあるような感じがする。

だいぶそのままでいた。どうもここは特別に作られた空間、施設のような印象だ。

「ここではあなたのエネルギー体がすみずみまで癒されます。いろいろな部分の詰まりが緩んでいきます。もうそろそろここを離れる準備をするといいでしょう」

すると、ナレーションがＶ８への帰還を指示してきた。どんぴしゃりのタイミングだ。

ここで記録をとることにする。

パルサー

翌11月15日（日）、朝一番のセッションでは、ほ座（ヴィーラ）パルサー、カニ・パルサー、ミリセカンド・パルサーを訪れる。

質量の大きな星はその一生の最後に超新星爆発と呼ばれる大爆発を起こす。そして残骸の中心部にパルサーと呼ばれる天体ができる。発する光（電磁波）が灯台のように明滅するのでパルサーと呼ばれているのだ。

スターラインズでは、この3つのパルサーを灯台代わりの目印にして、宇宙内を航行する。この3つは一直線上に並んでいる上に、銀河系コアと地球を結ぶ線上にも乗っている。つまり、この5つが一直線上にあるのだ。あまりにいい位置関係にあるので、意図的に作られたのではないか、とする憶測もある。

これまでスターラインズに7回参加したが、パルサーを探索するセッションは必ず眠ってしまっていた。午後一番にやるセッションなために眠りやすいのと、もしかしたら、パルサーの発する振動がちょうど居心地いいのかもしれない。今回はいつもと違い、朝一番なので、意識をしっかり保つことができるかもしれない。


ヴォイジャー8号内へ着いた。トレーナーの秀さんが窓ごしに外の暗い宇宙を眺めているのが見える。彼は白いシャツを着ている。さっき来ていたのと同じ服だ。隣にはトレーナーのよしやすさんがいるようだ。

ヴィーラ・パルサーへ。

暗い星間空間を行く。暗い星がいくつもある。その中に、淡い濃淡の球が見えてきた。まだら模様になっている。これがヴィーラ・パルサー（そのまわりにある超新星爆発の残骸）だ。

誰かが、何かが、話し出した。

「ここは意図的に作られました。このあたりで死に向かいつつある適当な星を選び、爆発させたのです。それはパルサーを作るためです。

ここの振動は肉体や低いエネルギー体を癒すのにも効果があります。ちょうどマッサージで凝っているところをほぐすのと同じ効果があります。エネルギー体のさまざまな部位に保持されているトラウマのようなものを解放するのに役立ちます」

次いで、カニ・パルサーへ。

暗い中に淡い形が見えてきた。ここを維持する存在とコンタクトしたいと言う。

ドアが開いて、男性に中へ通された。

そこは、まるで日本の会社のオフィスだ。机がずらっと並んでいて、何人かが忙しく働いている。

「このパルサーを維持管理するために働いているんです。パルサーの維持だけでなく、情報を発信しています。たとえば、ＤＮＡ情報とか。あちこちでこれを使って生命を創造するのです」

ナレーションがミリセカンド・パルサーへ進むように言っている。

次第にイメージが見えてきた。銀河系円盤のようなものを斜め上から見てるようなイメージだ。中央部へ向かう。

「ここを維持する存在たちとコンタクトしたいのですが」

「我々はここら辺にあるいくつかのパルサーを維持している。パルスのペースを維持したり、さまざまな情報を発信している。遺伝子情報や、他のパルサーや星のスケジュール、さらに銀河のバーストのスケジュールについて情報を発信している。地球にいて、この情報を得ることも可能だ」

アークトゥルスとプレアデス星団――ラッシェルモアはなぜ地球へ来たか

次のセッションでは、F42でアークトゥルスとプレアデス星団を訪れる。これまでにも何度も訪れているが、今回はどういう体験になることか。


アークトゥルスへ。

球体がうっすらと見えてきた。赤い表面に黒いパターンがある。球のまわりにもいろいろな線が見える。

球が消え、線だけが多数見え、かごのような形になっているようだ。どこに意識を合わせるかで見え方が異なる。

星自体の意識と交信する。

「我々はこの銀河系へ知恵を伝えるためにやってきた。知ってのとおり、我々は別の銀河に属していたが、衝突により、銀河系内部へ取り込まれた。これは銀河系のこの部分の星たちにとっては素晴らしいことだ。我々の持つ英知をもらうことができるからだ。我々は銀河系が生まれるはるか昔から存在している。我々の役割は宇宙の伝道師だ。情報を伝えていく。若い星たちの知らない知恵を伝えるのだ」

「どういう知恵があるのですか」

「星の維持運営自体の知恵、これもけっこう大変なのだ」

「もう行かなければ。どうもありがとうございました」

次にプレアデス星団へ。

高次の意識存在と交信する。

「あなたは我々のメンバーの中で重要な役割を担っています。今回はどうもありがとうございました。大変な任務でしたが、みごとに果たされてすばらしいことです」

「前から計画されていたのですか」

「はい。かなり以前から、念入りに計画されていました。ラッシェルモアは相当のネガティヴな存在ですので、その意識を変えることはかなり難しくなっていました。はるかな過去から救出は試みられてきたのですが、適任者がいないということもあり、うまくいかなかったのです。

それ以上に、彼の影響が広がるのを恐れていた面もありました。多くの人が二の足を踏んでいたのです。あなたはまだかくまわれていた状態でしたので、そういう役割には適していませんでした。

そういう形で時が過ぎていきました。そんな中、彼は地球の存在に気づき、地球へとやってきました。

これで、ある意味、我々にチャンスを与えてくれる可能性が出てきました。これまでとは違う環境になりますので。これまでは、彼は彼の帝国で多くの部下を配下に置き、帝国を支配していたのです。地球に移る際に、彼はそれを手放しました。もう興味がなかったのが理由です」

「なんで興味がなくなったのですか?」

「女性のためです」

「女性?」

「彼が気にかけていた女性が地球へと逃げていったのです」

「気にかけていたということは愛情があったのですか?」

「はい。でも、自己中心的な愛です。彼女のすべてを所有したいという欲からのものです」

「で、彼女はそれがいやで逃げたのですね」

「そうです。いやでいやでたまらなかったのです。彼女自身もある意味、自己中心的な女性でした。女王様的な意識の持ち主です。わかりますか?」

「はい、みなが自分をあがめないといけないと思っている女性ですよね」

「そうです。だから、彼女もネガティヴな発想の持ち主でした。でも、彼に支配されたくないので、逃げたのです。そして地球という新しい場所のことを聞きつけ、そこへジャンプして行ったのです」

「彼女は今何をしていますか？」

「一度人間になるとそれまでの記憶をすっかり忘れてしまうのです。彼女は、それを望んでいたのですが。そのとおりになりました。

地球のいい点は、ネガティヴな人もポジティヴな人もいろいろ混ざっているところです。ですから、ポジティヴな発想を受け入れるようになることも可能なのです。もちろん、ますますネガティヴになることも可能です。その点、彼女は立派でした。地球に来てから、ずいぶんとポジティヴになっていきました」

「ラッシェルモアは彼女の居場所を突き止めたのですか？」

「いいえ、それは彼女がかなり変貌を遂げたので、難しくなったためです。彼女はガイドたちに守られている面もあります」

「彼女は今どこにいるのですか？」

「アメリカ人女性です。モンロー研で一度会ってるはずですよ」

「そうですか、だれだろう。で、今回の作戦に彼女は使わなかったのですか？」

「彼女の了解が得られませんでした」

「そうですか。じゃ、私の了解は得たのですか？」

「はい。あなたの上のほうの意識は了解しています」

「そうだったんですか。知らなかった」

C1のビーという音が聞こえてきた。

「どうもありがとうございます。今回はアナウンスをしなければならないので、このへんで終わりにします」

銀河系内でフリーフロー――ディアナの愛

ラッシェルモアとディアナのことを考えている。

レゾナント・チューニングが始まった。すると、ディアナが話しかけてきた。

「私はずっとあなたに思いを寄せていましたのよ。あなたには特別な思いがあります。直接の子供だということで」

「実の肉体上の母は？」

「私は彼女の心を通しても、あなたへの愛を感じています。ご存知のように、私の意識はいくつにも分かれて、多くの人の心につながっているのです。

あなたのガイドとしてさまざまなレベルで導いてきました。私のことを目撃した人も多いはずです」

ナレーションがF34／35のV８へ行くように言っている。

上昇感がある。左脇に彼女がいるのがわかる。ずっといっしょに上がっていく。彼女が左にいるのは、将来ラッシェルモアが来たら、右に来るからとのこと。

Ｖ８に着く。さらにＦ42へ。

大型客船が港に停泊しているのが見えてきた。これは完全に連想したイメージだ。連想だが、まー、かまわない。

ディアナに直接会いたいと思う（交信だけでなく）。

Ｆ42の宇宙ステーション内へ。

内部へ。ヘルパーに尋ねる。

「はい、あなたの部屋でお待ちしていますので、そちらへ行きましょう」

部屋へ着いた。姿は見えない。

「私は姿を持っていると思ってましたか？　本来はエネルギー存在です。少し把握できるように次元を下げましょう。これでどうでしょうか」

まだ、何も見えない。

「じゃ、もう少し下げましょう。これでどうでしょうか」

よくわからない。ただ、何かの存在の股《もも》のあたりを自分が枕にして横になっているようなイメージがうっすらと見える。少し眠くなってきた。

「私は受容と癒し、慈しみの女神です。ここにしばらくいて、癒されるといいでしょう。じっとしているだけでいいですよ。あなたに母の愛情というのがわかりますか。すべての母親の愛情です。それを象徴するのが私です。そのエッセンス、その源です。深い思いです」

この状態は心地よい。

「あっそうだ、ラッシェルモアはどうしたんですか？」

「彼はまだ癒しのプロセスにいます。浄化することがたくさんあるのです」

「そうですか。もう帰還しないといけないのですが、今後もいっしょにいてくれますか？」

「いつもいっしょですよ。ただ私は淡い、軽やかな存在なので、意識をそういうレベルに向けないと気がつかないかもしれません。こちらが意図的に低いレベルで姿を取って現れない限りは」

「そうですか、それじゃ、軽やかな意識に自分を引き上げるようにします」

「そうしてください。それはあなたの意識を高めるのにも役立ちますしね」

「ありがとうございました」

地球コアF34／35とF42

ここからスターラインズⅡ用に作られたセッションになる。

今の時代、銀河系コアから地球コアへエネルギーがどんどん入ってきている。人類意識が発展していくのに地球コアは重要な役割を演じる。

スターラインズでは地球コアはフォーカス27までだったが、このセッションではさらにフォーカス34／35と42で地球コアを探索する。


地球コア34／35へ。

球体のまわりに球体が最初4つ見え、それが多数になった。ここは重たく息が苦しい。

いくつもの球は他の惑星か？

このレベルでは、他の惑星とつながっているような感じがする。

地球コア42へ。その後、一度F42の宇宙ステーション内のメモリールームへ行く。

再び地球コア42へ。

地球コア42では、さまざまな天体の意識とつながっている感じがする。それらと情報交換をしている。他の星とかの意識だ。

超次元的癒しの場SPA（スパ）

夕食後のセッションでは、F42で宇宙ステーションに行き、その中にあるSPA（Sub-Atomic Particle Accelerator、素粒子加速器）という施設を探索する。この施設の目的は、I／Thereクラスター全体として持つ肉体、感情体、精神体、エーテル体を、銀河系の

5次元、6次元、7次元の光の体の持つ完璧さ、純粋さに調和させることである。意味がよくわからないが、ともかくF27のヒーリング・センターよりも格段に優れた癒しの場のようだ。

レゾナントチューニングを終えて、F34／35へ上がっていく際に、左隣にディアナが来て、一緒に上がっていく。これからはもっと直接、導くようにするとのことだ。これまでは、ラッシェルモアに気づかれないようにするために、姿を変えて間接的にしか導いていなかったとのこと。

F42でSPAへ。その前に緑の木々がある中庭のようなところを通る。木々には花が咲いている。SPAへ到着。そこでヒーリングを受け、眠ってしまった。

F49でのフリーフロー――ディアナの一部

翌11月16日（月）、最初のセッションはF49でフリーフローである。

F49に着いた。しばらくこのエネルギーに慣れるため、ここにいることにする。数分経っただろうか、通路が前方に見えてきた。そこを進む。先には丸く開口部があり、その先は真っ暗だ。

そこまで来ると、眼下にはI／Ｔｈｅｒｅクラスターの海が広がっていた。薄く白く蜘蛛の巣のようなものが見え､それが何重にも上下に重なっているようで､奥行きがある。

しばらく見ていると、突然、頭を先頭にして移動し始めた。

足もとに女の子が座っている。可愛い顔をしてる。

すると、顔が変わった。中年の女性になった。さらにどんどん変わっていく。

今度は水平に横方向へ進んでいく。しばらくすると渦が見えてきた。

「スターゲイトですか？」

「そうです。宇宙のあちこちにあるんですよ」

その中へ入っていく。どこへ行くのだろうか。

白い線でできたトンネルの中を進んでいく。くねくねと曲がり、その中を行くと、お腹から上がそれにつられて動き回る。

「こうすることであなたのエネルギー体が活性化されるのですよ」

さらに今度は足から進んでいく。渦の中を行く。波乗りのようだ。まわりには暗い宇宙空間がひろがり、暗い星が無数見える。

さらに星雲の中央部へ向かう。渦を巻いている。

そこを抜けてさらに進むと、大きな光の球が見えてきた。白い点から成る淡い球だ。

それが視界いっぱいに広がった。そこで止まった。

「おとめ座超銀河団の中心にあるＭ87です。ここらあたりの宇宙の中心、セントラルサンと呼ばれています。あなたはこの前来たときによくわからないと言ってたので、また来ました。

ここには来るだけで、意識が引き上げられます。フォーカス369です。さらにここの放射を浴びることで、エネルギー体が活性化され、浄化が進みます。

あなたはエネルギー体が動きにくいところがありますので、ここへ来るまでにいろいろな動きをして、動きを活性化しました。さらにここにいると、どんどん活性化と浄化が進みます。あと数分ここにいます」

「あなたはだれなんですか。ディアナ本体ではないような感じがするのですが」

「そうです。彼女の一部です。先ほどいろいろな姿が見えましたよね。あれはこの一部である私のさまざまな姿です」

「そうなんだ。一部とはいえ、けっこう大きな存在なんですね」

「もうそろそろ帰りましょう。そうすれば、記録を取る時間があります。それではここを離れます」

まだ、イメージが見えている。

「ここに意識を集中しないように。起きて記録を取り始めたほうが意識を離せますよ」

起き上がり、明かりをつけると、ナレーションがV８へ帰還するように言う。どんぴしゃりのタイミングだ。記録を取る。

クラスター・カウンシル

銀河系のコアのそば、渦が見える。特に引き込まれる感じはしない。

突然モンローが現れた。姿は見えないが。

「なんだか久し振りですね、ここで何をしてるんですか？」

「みなをガイドしているんだ。ここまで来られるようにして、さらにいろいろな説明をしている」

「ここで何をしたらいいでしょう？」

「コアについて調べてみたり、中へ入っていってもいい。まー、あなたはもう興味はないかもしれないけど。それにもうすぐ、クラスター・カウンシルと会うタイミングだ」

すぐにナレーションがＶ８に戻るように言う。またどんぴしゃりだ。

指示に従う。さらに宇宙ステーション内のメモリールームへ。

自分の向こうに半円のテーブルがあって、そこにずらっと7、8名座ってる感じだ。

「ここには何名来ているのですか？」

「クラスター・カウンシルの約半分が来ている」

男性的な雰囲気の存在が話す。それぞれの存在の一部がここまで来ているらしい。

「まず、あなたがやってきていることに深く感謝したい。ラッシェルモアのこともそうだが、それ以外にも、ここまで多くの人たちを導いてきてくれたことを感謝する。あなたにはすることがまだまだある。多くを期待している」

「たとえばどういうことですか？」

「それはいつものことだが、言わないことにしよう。楽しみを奪ってしまうのはやめたほうがいいだろう」

「そうですね。いつものセリフですね」

「あなたは今、パワフルなガイドがついた。ディアナだ。これまでもついていたのだが、これからは彼女が言ってたように、より直接にガイドしていく。それを楽しむように」

「はい、わくわくします」

「いいことだ。あなたは最近どんどんわくわくするようになってきているが、すばらしいことだ。そのペースで行くように」

「ありがとうございます」

「今日のところはここまでだ」

「わかりました」

スターゲイトを通る――源でエネルギーを浴びる

Ｆ27から地球コア経由でＦ34／35のＶ８へ。そこからＦ49へ。

銀河系コアが見えてきた。ナレーションはまだだが、いずれスターゲイトを超えていくことになる。先にクラスター・カウンシルに相談する。

「もちろん行っていい。今回はディアナがいっしょに行くことになる」

暗い星空を背景にして、上へ向かう長い柱のような円筒状のタワーが見える。それは薄い白い線でできている。

移動開始。

だいぶ行く。途中、前に見たブドウの房のようなのが見えるところを通る。さらに、うまく描写できないところを通って行くと、止まった。

「ここは見え覚えがあるところでしょう」

目の前に大きな開口部があり、その向こうには暗い空間が広がっている。星のような光がいくつも見える。

「ここはすべての源です」

「フォーカスレベルは？」

彼女から1000以上の数値を言われたのだが、思い出せない。1169だったか。

（後で別の機会に1669だと言われる）

「今回はここで単にエネルギーを浴びるようにしてください。そうすればあなたとあなたのI／Thereクラスターすべてのエネルギー体の浄化と活性化につながります」

しばらくそうしている。手がぴりぴりしてきた。

そういえば、ここの存在と話をしていなかった。

「ここにいるだけでいいのだ」

男の声だ。

だいぶして、ナレーションが帰還の指示をしている。帰らねば。

戻る意思を決めると、先ほどのタワーが見えてきた。途中に丸い部分がくっついている。帰還。

ポータルルーム：肉体感覚を伴った瞬間移動の場

午後2本目のセッションでは、ポータルルームという、宇宙ステーション内の施設を初めて探索する。

ポータルルームは時間、空間を超えて、あらゆるところへ瞬間移動することを可能とする設備である。しかも明らかな知覚と肉体感覚を伴って移動することができる。

ポータルルームには個人用のソファがあり、その前にはスクリーンがある。初め、そのスクリーンに自分の行きたい場所の光景が映し出されるのだが、「シフトナウ」と言うと、その光景の中へ自分も直接入って行くことができる。映画『アバター』以上の立体感とリアリティを体感できるというふれこみだ。

F42のポータルルームへ着く。

火星に知的生命体がいた時代へ行こうと思う。何億年か前には知的生命体がいたはずだ。

明るい緑の草原に森が見えてきた。森の濃い部分もある。しばらくそういう光景が見えている。

シフトナウと言えば、その中へ入っていくことになっている。

シフトナウと言う。何だか一生懸命中に入っていくような感じだ。視界が200度ぐらいまで広がってくる。今一歩で中へ入れそうな感じ。でも、もう少しだ。

生命体のいるところをお願いする。

何かが見えるのだが、かげろうのように、はっきりしない。

「彼らはエーテル体の存在だ」

エーテルとは、非物質という意味だ。だからよく把握できないのか。

「物質的な存在を見たかったんだけれども」

「それなら、これとは別の時代だ」

その時代をお願いするが、よくわからないうちに、帰還指示が来た。ステーションへ戻る。

V8内へ戻る。何か普段よりも明確に知覚でき、しかも体の感覚まであるような感じだ。

機外へ出てみる。

真っ暗な宇宙空間へ出た。そこをほんとに飛んでいるような感覚がある。ポータルルームに行った甲斐があった。これはすごい。

ヘミシンクを聴いて、ここまで体感を伴って体験するのは初めてに近い。

でもV８の形ははっきりとは把握できない。

機内へ戻る。トレーナーのみーさんのところへ行くことにする。

窓が大きく取られた明るい部屋へ来た。ソファがあり、みーさんが座っている印象だ。

トレーナーのももさんもいる様子。

そこまではっきりとは見えないが。乾杯しているようだ。グラスが２つ上に上げられたのが見える。

C１へ。

フリーフロー49

C１で目をつぶると、右上がまぶしい。ラッシェルモアがいるのか？

F49へ着く。宇宙ステーション・アルファX内にいる。比較的良く見える。

何をするか迷うが、まず、クラスター・カウンシルに会うことにする。

すると、奥のほうにある、それらしくない小さな部屋に案内された。

「今後何をやるべきですか？」

「あなたも知ってのとおり、興味あること、つまりピラミッドだろう。中でのヘミシンクだ」

「ピラミッドを使った電力のほうは？」

「これはバシャールが言ったように、これ以上は教えられない」

そうか、それならここにいても意味がない。部屋を出る。

次いで、おとめ座A（M87）に行くことにする。

一息法を使う。丸い大きな球をイメージする。

何やらそれふうのが見えてきた。そこにしばらくいることにする。いるだけで、さまざまな効果があると言うから。

少しぼーとしてきたので、帰ることにした。

SSAX内へ。今日はめずらしく良く見えるので、機内を探索することにする。

機内の外壁に沿って幅7、8メートルばかりの通路があるようだ。進んでいくと、そこにはテーブルがいくつも置いてある。また、いろいろな用途の部屋のドアがある。

ずっと行くと大きな空間に出た。ここは上のほうまでオープンで、いくつかの階がその周囲にある。

上のほうに行くと、そこからは外の宇宙が展望できるようになっているようだ。そこまで上がっていくと、暗い宇宙空間が一望できた。

2度目のポータルルーム——オリオン大戦を体験する

翌11月17日（火）、朝一のセッションでは、ポータルルームを再び訪れる。

赤いカーペットの敷かれた通路を進んでいく。前をトレーナーのそのさんのような人が歩いていく。ホールのようなところを通り、右へ曲がり、さらに進み部屋へ。ここがポータルルームなのか。

スクリーンが前に現れた。人が何名か前に座っている。次第にまわりが暗くなり、画面だけが見えている。

オリオン大戦について体験することにする。

男性の声が話し出す。

「オリオン大戦のどの部分を知りたいですか。概要ですか？」

「それなら知っているので、具体的なところを体験したいです」

「そうですね。オリオン大戦はあなたも知ってのとおり、50億年とか60億年前に起こった大戦です。地球の時間からは若干時空の歪みのため同じ時間ではありません。だから地球時間で正確に50億年前というのではありません。この戦いは今でも一部続いています。オリオンのリゲルやミンタカ、こと座の星で始まりました」

話と並行してスクリーン上にはいくつのかの星が映し出され、その中のひとつの星、さらにそのまわりの惑星系が映し出されている。その中の1つの惑星に近付いていく。

「まず、リゲルには人の住む主要な惑星が5つあるのですが、その中の1つで、第3密度、第4密度の人たちの中に、もっと欲しいという欲の心が芽生え、そこから支配や戦争が始まりました。彼らは、文明的には非常に進んでいたので、宇宙船やロボット技術を持っていました。それらを戦いの武器に使ったのです。

それではその戦闘の1つに入っていきましょう。シフトナウと言って、右手のスイッチを押してください」

画面の中に入るところまではいかない。宇宙船（戦闘機）の中にいる。コックピット内だ。

上がったり、下がったりして、宇宙空間を飛んでいく。この戦闘機はかなり小回りがきく。

「これはネガティヴサイドの一人乗りの小型戦闘機です。先方に敵機がいますので、それを撃ち落としましょう。今です」

右手でなにかを押す。当たらないようだ。

「だめでしたね。もっと集中して」

もう一度、やる。今度は当たったのか、爆発したようだ。

「今度は別の戦闘機に乗りましょう」

機械で囲まれたコックピット内にいる。何かロボットが操縦しているようだ。

「これはロボットが操縦するタイプです。ネガティヴ側は相当ハイテクが進んでいます。このロボットは半分バイオでできています。ですから、生物でもあるわけです。ただ、意識はありません。まったくのロボットです」

こっちのほうは動きがもっと素早く、こまめに回転とかしながら進んでいく。

「それでは、今度は我々の側、つまりポジティヴなサイドの戦闘機をお見せしましょう」

何やらもっとローテクな感じのものが見えてきた。

「我々は敵ほどには進んでいません。機械的にはかなり劣っています。ハンドメイドで作られてるところがあります。ただ、精神的な面を使います。たとえば、先読みをして相手をたたくとかします。でも、恐怖心が出てくると、先読みができなくなり、やられてしまいます。問題は、戦闘ですので恐怖心に囚われてしまうものが多いことです。そのためネガティヴ側になったものが多くいました」

「そうですか」

「あなたも私もここで何回も生まれ変わっているんですよ」

「えっ、そうなんですか？」

「そうです」

「ラッシェルモアの息子だったということと矛盾しませんか」

「その辺は後でゆっくり考えてください」

しばらくすると、月が見えてきた。地球の月そっくりだ。

「我々はこの月でよく戦いました。この月は地球の月そっくりでしょう」

この辺でナレーションが、終了するように指示してきた。スイッチをオフにして、ここを離れる。

V８へ向かうことにする。宇宙ステーション内を移動しているのか、タワーに球が途中に付いたところを、上から見ながら下りていく。まわりには宇宙空間が開口部を通して見える。

オリオン座の星で何度も輪廻していたということと、ラッシェルモアの息子だったということは、矛盾しているように思えるのだが。どうなんだろうか。よく考える必要がある。

ここで体験したネガティヴ側とポジティヴ側のオリオンにおける戦いは、映画『アバター』に描かれた惑星パンドラでの戦いでの先住民ナヴィと人類の戦いに似ている面がある。

この映画では、悪役側のスカイピープル（人類）はハイテク機器をふんだんに使うのに対し、善い者側の先住民たちはローテクで自然と共生し、動物と意識を通わすことで動物を乗り回す。オリオンでネガティヴ側がハイテクで、ポジティヴ側がローテクなのと一致している。

スターラインズⅡのポータルルームでのセッションで参加者のNさんは、エリダヌス座イプシロンでのネガティヴ側とポジティヴ側の戦いを実際に体験した。彼は非常によく見える人で、超リアルな３次元的な戦いを体感している。彼によると、やはり、ネガティヴ側はハイテクで、ポジティヴ側はローテクだったそうだ。この関係は一般論として言えるのかもしれない。

ジェームズ・キャメロン監督はこういった情報を上のほうから受け取ったのだろうか。たぶん、そうだろうと思う。スター・ウォーズのジョージ・ルーカス監督やETのスティーヴン・スピルバーグ監督もそうだと思う。

ただ、どういうソースから情報をもらうかで、場合によっては、恐怖心をあおるようなネガティヴな内容の映画になることもある。映画『２０１２』はその例ではないだろうか。

ピラミッド内での儀式について

次のセッションはＦ49でフリーフローである。ガイダンスが一切入っていないセッションで、自分のペースで自由に探索する。

Ｆ42に着く。室内を移動していく。ポータルルームが楽しいので、そこへ行くことにする。通路を進み、部屋へ。スクリーンが見えてきた。

まわりが暗くなる。

「エジプトの大ピラミッドがどう作られたか見たいです」

と言うと、男の声が話し始めた。

「教えていいと許可が出ているところまではお話しする。クラスター・カウンシルや他の部分から許可が出ている部分だ。

これはトート／ヘルメスによって指導されて作られた。１５００年から１２００年前のことだ。彼はイメージングで基礎となる巨石を配置した。その上の部分は主要なコーナーの部分とキャップストーンを彼がイメージングで物質化して作った。そのほかの部分は笛を吹いて音の振動を使って浮遊させる方法で作られた。例のフランス人建築家（ジャン・ピエール・ウーダン）が言ってるように、内部に通路を作ったのは事実だ」

「ファラオになる儀式について教えてください」

「まず、地下の部屋で儀式をする。ここは地球コアにつながるためだ。彼らも地球コアにつながることの重要性を知っていた。ここで低い声を出して、第1チャクラを活性化させることも行なう」

「起きて記録をとっていいですか」

「いいだろう。あなたはそういうのが得意だからね」

起きて明かりをつけ、記録を取り始める。

「薬物も使って意識を上げていく。食も特別なものを摂り始める。このピラミッドに入る1週間前から実は特別な食事に切り替えている」

「どういった内容ですか」

「それについては別の機会にしよう。時間がない。ここで1日ほど過ごす。

次に通路を上がり、今度は女王の間に向かう。ゆっくりと歩きながらある呪文を唱えていく。指導者である異星人と地球人の2名ほどがいっしょに行く。もちろんさまざまな身の回りの手伝いをする者たちも控えている。

女王の間に至ると、ここでまた儀式を行なう。これも薬物を取りながら、瞑想、祈りを中心に行なう。これは偉大な指導者（神）たちの導きを求めるものだ。そして、生命エネルギーの中の女性的なエネルギーを高めていく。これには性的なエネルギーが必要である。これは第2チャクラの活性化が必要だ。儀式には目の前でなまめかしい裸の美しい女性が踊るというのも含まれていた。そして性的なエネルギーを高めていくが、そのままそれを維持していく必要がある。ここに1日ほど過ごす。

次に大回廊へ向かう。この際も呪文を唱えながらゆっくりと進んでいく。

大回廊に着いた。ここからは急な通路を進む。ここでは音響の効果が最大限に利用された。みなで声を合わせて歌うような感じだ。特別な歌を合唱する。これで第3チャクラと第5チャクラが活性化されていく。

大回廊の最上部に着くと、あらたに儀式を行なう。これも声を出すもので、それによって第4チャクラ、ハートを開くものだ。そして生命エネルギーをハートへさらに取り込んでいく。ここに2日をかける。

そして狭い通路（控えの間）をゆっくりと進む。ここに1日。これでエネルギーを集中し、王の間に入る瞬間に大きく拡大させる。

大王の間では中央で1日、チャンティング（唱和）を行なう。これにより、声での意識の上昇を行なう。さらに拡大されたエネルギーを使って一挙に振動数を高めていく。ここでは断食になる。さまざまな妄想が飛来するが、それらを退治していく。それによってさらに意識は高まっていく。このプロセスが最も危険な部分だ。ここに2日を費やす。そして最後に石棺に入り、横になる。この段階で声を発する。そしてそれが自然に体からの音になる。それがピラミッド全体と共鳴して低い音が発せられれば、彼は異星人と同じ振動数に達したことがわかり、ファラオになる」

これで大ピラミッド内で古代執り行なわれていた儀式の詳細がかなり明らかになった。古来より一般には決して知られることのなかった秘儀である。

スターラインズでF49とそれ以上を体験しているので、大回廊の部分は要らないと以前言われてはいる。だが、その前の地下の間や女王の間、その後の控えの間と王の間での儀式は重要だ。ここで行なわれていたことを小型ピラミッド内でいかに再現し、ヘミシンクと共存させるかだ。

＊＊コラム＊＊

大ピラミッド内での古代の儀式＊＊＊＊＊＊＊＊＊＊＊＊＊＊＊＊＊＊＊＊＊＊＊＊

ピラミッドに入る1週間前から特別な食事に切り替える。

①地下の間で儀式。地球コアにつながるため。低い声を出して、第1チャクラを活性化させることも行なう。薬物も使って意識を上げていく。ここで1日ほど過ごす。

②次に通路を上がり、今度は女王の間に向かう。ゆっくりと歩きながらある呪文を唱えていく。指導者である異星人と地球人2名ほどがいっしょに行く。もちろんさまざまな身の回りの手伝いをする者たちも控えている。

③女王の間。儀式を行なう。薬物を取りながら、瞑想、祈りを中心に行なう。偉大な指導者（神）たちの導きを求めるものだ。そして、生命エネルギーの中の女性的なエネルギーを高めていく。これには性的なエネルギーが必要。これは第2チャクラの活性化が必要だ。儀式には目の前でなまめかしい裸の美しい女性が踊るというのも含まれていた。そして性的なエネルギーを高めていくが、そのままそれを維持していく必要がある。1日ほど過ごす。

④大回廊へ向かう。この際も呪文を唱えながらゆっくりと進んで行く。

⑤大回廊に着いた。ここからは急な通路を進む。ここでは音響の効果を最大限に利用。みなで声を合わせて歌うような感じだ。特別な歌を合唱する。第3チャクラと第5チャクラが活性化。

⑥大回廊の最上部に着く。あらたに儀式を行なう。これも声を出すもので、それによって第4チャクラ、ハートを開く。そして生命エネルギーをハートへさらに取り込んでいく。ここに2日をかける。

⑦狭い通路（控えの間）をゆっくりと進む。ここに1日。これでエネルギーを集中し、王の間に入る瞬間に大きく拡大させる。

⑧大王の間。中央で1日、チャンティングを行なう。これにより、声での意識の上昇を行なう。さらに拡大されたエネルギーを使って一挙に振動数を高めていく。ここでは断食になる。さまざまな妄想が飛来するが、それらを退治していく。それによってさらに意識は高まっていく。このプロセスが最も危険な部分だ。ここに2日を費やす。

⑨最後に石棺に入り、横になる。この段階で声を発する。そしてそれが自然に体からの音になる。それがピラミッド全体と共鳴して低い音が発せられれば、彼は異星人と同じ振動数に達したことがわかり、ファラオになる。

総まとめのセッション

午後からのセッションは、Transdimentional Link-up（次元を超えて結ぶ）というもので、スターラインズⅡの総まとめである。

F49、SSAXのメモリールームへ着く。クラスター・カウンシルは13名全員来ているとのこと。トートが代表して話す。

「あなたに感謝したい」

「こちらこそ感謝します」

「スターゲイトは開いている。行ってよい。今回はディアナがいっしょに行く。今回はそれほど移動しないでも着くだろう」

白い線から成るトンネルのようなところをしばらく移動後、着いたらしい。

「ここはどういう風景にもできるのだ」

アクアヴィジョンのセミナーで使う「あたみ百万石」からの風景のようなものが見える。ガラスの窓が大きくとられたレストランのようなところ。

「真っ暗な宇宙空間にもできる」

暗い空間になった。

「光あふれる空間にもできる」

明るくなった。

「まったく何もないふうにもできる」

ここは愛がもっとあるはずなのに。

「すべてにおいて、あなたの知覚できる範囲でのみ把握しているのだ」

「知覚を広げるには？」

「ここへ来るのが一番効果がある」

ナレーションが戻るように言ってる。

管のようなところを降りていく。

ナレーションに従い、次に、おとめ座超銀河団へ。

まわりに銀河がいくつも光の雲のように見えてきた。おとめ座Aに向かうことにする。

光の球がうっすらと見えてきた。

「あなたには感謝している。ここまで来られたということは、すばらしいことだ。貢献している」

「こちらこそ、ありがとうございます」

次にナレーションに従い、銀河系へ戻る。

優しい女性の声がする。

「どうもありがとう」

F42へ下りる。そしてプレアデスへ行く。何かの存在がいる。

「あなたはまぶしすぎる」

と、その存在が言った。グレイト・エミッターのそばまで行って帰ってきたときにモンローが同じことを言われたことを思い出した。

次に、赤い巨星。アークトゥルスだ。

「あなたは光り輝くようになった。フランシーンとともに。これからもさらに輝くようになるといいだろう」

移動する。スタジアムが見えてきた。I／Thereクラスターだ。中へ入る。

体育館に来た。大勢が卒業式で、喜んでいる。

Kさん、Sさん、たつぞう、ひで、みー、もも、みつ、その、タイ、みないる。みな卒業を喜んでいる。

次いで太陽系へ。白っぽい広がった円盤状のものがうっすらと見えてきた。

さらに地球へ。

白い線から成るすり鉢構造が見える。その底に回転する球がある。地球だ。

F27のTMI-Thereの水晶へ。てっぺんが輝く水晶がうっすらと見える。なんとも優しいエネルギーだ。大好きだ。

地球コアへ。足を曲げて聴いていたが、なんだか、足をちゃんと伸ばして聞いたほうがいいような気がする。足を伸ばす。

さらに地球コアのF34／35へ。

すると、自分の中を上から下へ通る綱のようなものが感じられる。それは何本もの細い白い線から成っていて、それほど境界が鮮明ではない。

その白い線の束の下のほうは、自分のかかとのあたりが地球コアＦ34／35のあたりだ。上は頭のてっぺんからさらに上へと伸びている。先には銀河系コアがありそうだ。

コアの渦を思い出すと、それが見えてきた。そこを通り、この線の束はさらに上へと伸びているようだ。これは生命エネルギーの流れの線なのだ。

自分がさんまの開きなったような感覚だ。この感覚は以前、モンロー研でＭＣ２というプログラムをとった際に感じたことがあった。フォーカス11でアクセスチャネルを開くという体験だ。

このまましばらくこの感じを味わっている。

Ｃ１帰還。

スターゲイト再び

夕食後、もう1本セッションをオプショナルということで行なった。スターゲイトを超えていくセッションである。

Ｆ49へ。クラスター・カウンシルに会う。部屋の中央に丸いテーブルがあるところへ来た。待っていると、ぞろぞろ人が入ってくる。今回は13人全員とのことだ。

目の前にいるのは女性で、顔がころころ変わる。醜い顔になったりする。

「どんな顔にでも変えられるのよ」

スターゲイトを通って源へ行くことにする。

前進。よくわからないところを進む。ひとり一緒に来てるようだ。男の声で若干説明があり、着いたとのこと。

ここは光と暗闇からなる何とも表現しにくいところだ。次第に真っ暗な空間になった。

そこに自分は浮かんでいる。

今回は交信はしないことにする。もっとほかの形での体験をすることにする。

ひでさんの印象がふと浮かぶ。

ここには何もない。まったく何もないところのように感じられる。

だいぶいた。ナレーションが帰還を指示している。

V８へ戻る。

帰還。

７章　フラクタル・アンテナ付き大型ピラミッド（２００９年11月の体験）

肉体とエネルギー体の振動数が上がり、めまいに襲われる

スターラインズが始まる直前の11月４日に大型ピラミッドが完成した。その中でのヘミシンク体験の話に入る前に、ピラミッドの詳細と実験条件について書いておきたい。

このピラミッドは１辺の長さが１８２０ミリ、高さが１０６４ミリである。１辺の長さで比較すると、大ピラミッドの底辺の長さ２３０．３６メートルの０．００７９０倍である。

スチロール材でできた４面の表面には、アルミ製のフラクタル・パターンが取り付けられている。このピラミッドは４辺が正確に磁石の東西南北を向くように設置された。

純粋にピラミッドの効果を実験するには、屋外の、しかもある程度広い空き地に設置するのが理想である。しかし、そういう場所に、ある程度の期間設置するのは無理なので、この実験では屋内に設置されている。

ピラミッドの下の面から３分の１の高さのところが第３の目（松果体）やハート（心臓）の位置に来るようにするには、全体を持ち上げる必要がある。中に入る際の利便性を考えて

も、全体が床からある程度の高さにあるほうがいい。そのため、4隅にカメラ用の三脚を置いて、全体を50センチぐらいの高さに持ち上げてある。

中に置くイスの高さを調整することで、ちょうど第3の目がピラミッドの下面から3分の1の高さに来るようにした。場合によっては、台座をイスの下に置くことで、ハートが3分の1の高さに来るようにすることもできるようにした。ただ、この場合、第3の目は下面から3分の2ぐらいの高さになってしまう。

イスの向きはその時々で真南または真東にした。ヘッドフォンには当初ボーズ（音響機器メーカー名）のノイズキャンセリング機能付きのものを用いた。途中からオーディオテクニカ（音響機器メーカーの名）の通常のヘッドフォンにした（理由については後記）。

音源としてはｉＰｏｄ《アイポッド》(アップル社の小型の録音再生機)にＣＤ形式で保存したものを使った。

ヘミシンクはイスに座った形で聴く。外部からの光を除くために、頭から黒いタオルをかぶる。座った形で聴くことは半年ほど前から始めていたので、特に問題はなかった。私のように交信を主体とする場合には、そこまでのリラックスは要らないからかもしれない。

フラクタル・パターンの付いた大型ピラミッド。これまで使ってきたもの（奥に置かれている）と比べて一辺の長さが２倍ある（182cm）。

２００９年11月５日（木）午前10：45より

いよいよフラクタル・アンテナ付きのピラミッドの中でヘミシンクを聴く。ただ、どのヘミシンクCDを聴くのがいいのかよくわからない。バシャールはヘミシンクを聴けばいいと言ったが、ヘミシンクと言っても何百種類ある。

とりあえず、手始めにフォーカス34／35へ行くことにする。iPodにスターラインズとスターラインズⅡのすべてのセッションを入れているので、その中からスターラインズの「F34／35の復習」を聴くことにした。イスは南向き。松果体が下面から３分の１の高さである（後で厳密に測ると喉のあたりが３分の１と判明）。

アファメーションで、ガイドたちやバシャール、ポジティヴな生命体たちの手助けをお願いする。

レゾナント・チューニングをやる前から目が回ってきた。目をつぶると目が回る。これはピラミッドのためか。熱くなってくる。

F34／35でI／Thereへ行く。ガイドたちと交信。

「このピラミッドがそのままI／Thereになる。理由は、I／Thereは、あなたが言ってるように、生命エネルギーが集中したところで、ピラミッドも同じだ。だから、あなたは**このピラミッド内にいるまま、肉体を持ったままI／Thereへ来ることができる**」

セッションが終わった後、強烈に目が回っていることに気がついた。Ｆ34／35へ行ったくらいで、こんなに目が回ることはない。これはピラミッドの効果なのだろうか。

その後、会議室へ行くとＫさんが来ていたので、コーヒーを飲みながら、最近の実験についてレポートを受ける。まだ目まいがする。１時間してもまだ少しくらくらした。

午後12：40分から、昼飯。

同日13：25より

スターラインズの「Ｆ34／35の復習」をまた聴く。イスは南向き。松果体が下面から３分の１の高さ（後で厳密に測ると喉のあたりが３分の１と判明）。

上がっていく途中でバシャールにコンタクトする。

「**ピラミッドの中では、肉体とすべてのエネルギー体の振動数が上がっていく**。今回は単に中にいて、特に何もしないでもいい」

指示に従い、じっとしている。

セッション後、家に帰って６時間経った段階でもまだ目が回っていた。これまでヘミシンクを聴いてこんなに目が回ったことはない。ピラミッドの効果と考えていいだろうか。

翌11月6日（金）からはスターラインズ開催のために熱海に行った。

２００９年11月24日（火）14：20より

今回は、スターラインズの「イントロ・ヴォイジャー8号」を聴く。フォーカス34／35のセッションだ。イスは南向き。前回同様、イスの上面の高さは床から45センチ。ちょうど喉のあたりがピラミッドの下面から3分の1の高さだということがわかった。特記事項：会議のため朝からコーヒーを3杯飲んだ。

レゾナント・チューニングを行なう前ぐらいから少しクラクラしてきたが、その後は、特に問題はなかった。

ウトウトしながらセッションを行なった。V8でヘルパーと短い会話をした。今回はともかくピラミッド内でそのエネルギーに慣れることが大切とのこと。

次回からは、毎回の目的をしっかり考えてやったほうがよさそうだ。

特に特記すべきことは起こらなかったと思う。

セッション終了時に、特に目が回ることはない。通常のF35程度。

２００９年11月25日（水）午前11：30より

今日は朝から雨。ピラミッドを部屋の東窓よりの位置から中央へ移す。イスをリクライニング機能付きのものに変える。これまでのよりも低い。第3の目あたりがピラミッドの下面から3分の1に来る。イスは南向き。今朝はコーヒーを一杯のみにする。

スターラインズの「地球コアの復習」を聴く。これを聴く理由は、スターラインズⅡのどこかで言われたのだが、古代のピラミッド内での儀式では、まずは、地球コアに行った。それに従う必要がありそうだからだ。

ところどころウトウトしていた。

地球コアで、言われる。

「ここにしっかりと根付くことが、今回のエクササイズに重要だ。上の意識レベルに上がっていく際に、ここにつながっていればそれほどふらふらしなくて済む」

F27の水晶との間を何回か往復する。特に目新しいことはない。

セッション終了後、少しふらふらする。昼食を取らずに20分休憩後、次のセッション開始。

同日12：50より——自分の小型宇宙船

スターラインズの「F34／35の復習」を聴く。条件は今日の1本目と同じ。

レゾナントチューニングを終えたあたりで、誰かが話しかけてくる。ガイドか。あるいは自分の中の言葉か。

「このピラミッドは**自分の小型宇宙船、次元間旅行用の船、タイムマシーンなのだ。この中にいると、自分のエネルギー体が、上向きのピラミッドと下向きのピラミッドが底面で合わさった形（アクアヴィジョンのロゴ）になって、どこへでも行くことが可能になる。**メルキゼデクの本に出てくるUFO形と言っていい」

ピラミッドの中に座っていると、実際そういう感覚がある。この場合、上向きのピラミッドは、実際に今いるピラミッドだ。その下に反対向きのピラミッドがあるような感じがある。

その中にいると、自分専用の小型宇宙船の中にいるような感じで、童心に返ってわくわくするような感覚がある。

地球コアとF27の水晶の間を往復する。自分のこの上下ピラミッド形が大きくなって、その下の先端に地球が丸くあり、ハートから眉間あたりにF27の水晶が小さくある感じがする。つまり、自分が巨大になった感じだ。

F34／35へ。

バシャールのところへ行くことにする。そばにヘルパー・ガイドがいる。彼はこのピラミッドの外にいる。一緒に行くことにする。

暗い中に透明な面からなる青か黒の三角形が見えてきた。平面ではなく、立体的なピラミッド構造なのかもしれない。

「バシャールの宇宙船だ」

そうヘルパーが言う。

中へ入る。向こうへ向かう通路のようなものがある。部屋のような空間に来た。

バシャールがいるようだ。姿ははっきりとはしない。

「Mas《マス》(私のニックネーム)、ようこそ。意識を合わせるために、例の交信前のルーティンを少しやろう。ここへ来てくれてありがとう。交信はうまくいってる。

あなたは今回はエネルギー体をしっかり伴ってきている。こういう形で来たのは数回目だ。いつもは交信のみだから。

ピラミッドを使うと、いく層ものエネルギー体がしっかりとエネルギーを得て、そのまどこへでも行くことができる。今あなたはそういう形でここへ来ている。

へミシンクとの組み合わせは非常にパワフルだ。スターラインズでやったすべてのエクササイズをピラミッド内でやれば、しっかりとエネルギー体を伴ってすべての体験をすることができる。

その結果、さらにエネルギー体が強化され、その分、意識の振動数を高めることができる。また、エネルギーが入ってくるので、さまざまなエネルギー体の部位に蓄えられたエネルギーのしこりも解放されることになる」

ナレーションが、ここを去ってF27の水晶へ戻るように言っている。従う。

Ｆ27の水晶へ。
何か、水晶が自分の中にあるような感じだ。優しい感覚をしばらく楽しみ、癒される。
Ｃ１へ。

バシャールから良いヒントをもらった。ピラミッド内でどのＣＤを聴くべきか迷っていたが、スターラインズのセッションを聴けばいいのだ。
また、しっかりエネルギー体を伴って上のレベルに行くことに大きな意味があるようだ。以前のセッションでは､肉体を伴って行くようなことさえ言っていた。ピラミッドを使うと、肉体やすべてのエネルギー体を伴ったまま、上の意識レベルへ上がることができるということか。そして、そうすることが、肉体を含めた自分全体の振動数を高めるのに効果があるに違いない。

2009年11月26日（木）午前11：30より
曇り時々晴れ。今日はｉＰｏｄを忘れたので、ノン・ヘミ（ヘミシンクを使わない）でやることにする。ただし、ノイズ・キャンセリング・ヘッドフォンは付ける。南向き。松果体が下面から３分の１の高さ。
レゾナント・チューニングの後、まず地球コアへ。

次いでＦ21へ。海のようなところ、その手前にあるカフェのような室内にいる。

さらに、Ｆ27のモンロー研の水晶へ。

草原にある柔らかな白いエネルギー。

地球コアと水晶の間を何度か往復して、Ｆ34／35へ向かう。

暗い宇宙空間に来た。

ここまで何度も気がつくと寝ていた。

バシャールに会うことにする。

黒い三角形をイメージする。暗い中にピラミッド状のものが見えてきた。中へ。

バシャールと交信開始。

「まずルーティンをやろう」

その途中で寝てしまった。

「寝てしまうのはなぜでしょうか？」

「ひとつはピラミッドの効果だ。**エネルギーが高まるが、それは癒しの効果もあるので、眠くなる**。もうひとつはあなたが疲れているから」

その後も、ウトウトする。

Ｃ１へ。

少しふらふらする。その後もしばらくふらふらした。

２００９年11月28日（土）

ピラミッドでのヘミシンクを始めて、ここのところ夜にワインやシャンペンを飲むと、２杯でかなりふらふらする。

今日はヘミシンクを聴いていないが、朝から少し目が回る。

そういえば、今日の朝方、夢でうなされた。たわいのない夢だが、下り坂で車のブレーキが効かないという夢。何らかの恐怖心が解放されていく過程なのだろうか？　それとも、そういう恐怖心が実際にあり、それが意識に上って来て認識されたということだろうか？

２００９年11月29日（日）午前11：15より

曇り。リリース＆リチャージ（Wave Ⅰ #4）を聴く。条件は前回と同じ。

何度も眠っては、ナレーションで目がさめ、箱に手を入れて上へ手放すということはやった。効果についてはまったくわからない。

終了時、今回はあまりふらふらしない。

同日12：10より

スターラインズの「F27の復習」を聴く。条件は前回と同じ。

ゆっくりとF27へ。途中F25でしおれた花を手につかんだ。水をやり、持ったままF27へ。水晶へ行く。水晶は目の前に白っぽいエネルギー状で存在する。しばらくうつらうつらしながら、そこにいた。子供時代を10歳ごろから退行してみる。小さいとき母の元から離れられなかったのはなぜか、問いかけながら。よくわからない。

同日13：15より――バシャール

スターラインズのお土産CDを聴く。条件は前回と同じ。

ナレーションに従い、F34／35のヴォイジャー8号へ。ここから自由行動なので、自分の小型の上下ピラミッドでそのままV8の外へ出て、バシャールのところへ行くことにする。ヘルパーがひとり付いてきたようだ。

「バシャールのところへ連れて行きましょう」

すぐに黒いピラミッドがうっすらと見えてきた。

「中へ入っていきます」

大きな部屋の中へ来た。

「ウェルカム、マス。また来ましたね。肉体とエネルギー体を伴って来ていますね。こちらへどうぞ」

前を歩いていく姿がうっすらと見える。女性っぽい歩き方だ。

「あなたは女性なんですか？」

「私たちには男性も女性もいます」

ということは、この存在は女性ということか。

「ここには何名ぐらいいるんですか？」

「百名ぐらいです」

「これから私はピラミッドを使って何をどうやっていけばいいんですか？」

「こういう**高いフォーカス・レベルに来るだけでいいんですよ。次第にピラミッドを使うことに慣れてきます**。**そうすれば、ひとりでにエネルギーが高まり、いろいろなしこりが解消されていきます**。あなたがそれに気がつくこともありますが、無意識のうちに起こることもあります。**高いレベルに来ることが重要です。慣れることで、めまいも少なくなっていきます**」

少し、意識が遠のいたときに、バシャールの手を見せてくれた。親指が他の指から人間の手よりももっと離れている印象だ。夢を見たのかもしれない。

ナレーションがV８へ戻るように言っている。

「ありがとうございました」

太陽系全体を見るような位置へ移動するようにと、ナレーションが言っている。この後、ウトウトしてしまった。

終了時、それほどめまいはしない。

2009年11月30日（月）13：50 より――オリオンでの生

曇り。スターラインズの「宇宙ステーション・アルファ・スクエアードとメモリールーム」を聴く。条件はこれまでと同じ。

宇宙ステーション・アルファ・スクエアード（SSAS）内へ。広いホールのようなところへ来た。床は青いカーペット。白い壁。天井はかなり高い。前に来たところか。カーペットの色が赤くなった。

メモリールームへ。

楕円形の暗いスクリーンが前に見える。

プレアデスに来る前のオリオンでの生について教えてもらうことにする。

声の解説が始まった。

「あなたはオリオンのさまざまな星でいろいろな人生を経験しています。王子だったり、王だったり、戦闘機のパイロットだったりしています」

これでうまくつじつまが合うのか、ちょっと考える。

「この辺のことは、後でじっくり考えてください。オリオンでの1つの生を体験してみたいですか？」

「はい」

「これはリゲルの惑星テンペリオンでの人生です」

馬に乗った集団が見える。全身が金属的な鎧に包まれている。左手へ移動していく。

「これは馬に似た生物ですが、馬ではありません」

ずいぶん昔臭い姿をしている。戦闘機のパイロットとか、もっと進んだ文明の人生じゃなかったのかと思っていると、突然上昇し始めた。

「これは空を飛ぶのです。天馬のアイデアの原型です」

集団で空に舞い上がっていく。

「これはメカでありバイオの生物です。あなたと意識がつながっていて、あなたの意識で動くのです」

突然、降下を始めた。着地したのか、茂みの中にいる。

「敵を包囲しました。全員を生け捕りにしました」

敵って、どういう生物なのだろうか。

「彼らはネガティヴになったので、捕らえて再教育を行なうのです。後はその役目の人たちに任せます。あなたは帰還します」

しばらくすると、自分の家なのか、木の根が網の目状に張り巡らされたところに来た。

そこを登っていく。

すると、その中に空間がある。そこが住まいなのか。木の根のようなものしかなく、隙間を通して外の空間が見える。

妻に会いたいと思う。

「あなたには16人の妻がいます。ここで週は16日なので、日替わりに妻を持っています。ここはあなたの妻たちと子供たちで暮らす巣のようなところです」

なにかセックスの雰囲気がただよっている。

「ここではセックスはオープンです。まったく正常な行為です」

「親や兄弟たちは？」

「別々のところに暮らしています」

ナレーションが帰還するように言っている。従う。

同日15：05より——F27の癒しの場へ

背の高いイスに変える。ハートがピラミッドの底面から3分の1の位置に来る。X27の「癒しと再生センター」を聴く。

途中F25で自分の光に引き寄せられて多数の人が集まってきた感じがする。そのままF27へ向かう。F27に着く。大勢の人が出迎えに来ている。

癒しと再生センターへ向かう。

ホールへ着く。中央に高い水晶がそびえ立つ印象がある。水晶を中心に取り囲むように筒状の構造が立っている。筒状構造は上のほうが細くなっているようだ。

癒しを受けることにする。

「**あなたはピラミッド内に座っていますし、ここのエネルギーも使えますので、二重に大量のスーパーラブをハートに取り込めます。そのまま座っているだけでいいです。**特にがんばる必要はありません。リラックスしてください」

一瞬眠ったのか、夢を見た。

「殿、それを早く手放してください」

と誰かに言われている。手には球状の白っぽいものがある。それを投げ捨てる。

はっと我に帰った。今のは何だったのか。何かの過去の記憶を手放したのか。

目の前にラグビーボールのような形のものが見える。縦方向に長い。人の背丈ほどある。

まわりにもやもやしたものが付いている。

よく見ると、針状のものがたくさん突き刺さっている。これは以前見たことがあるぞ、
そうだ、例のハートの詰まりと言われたものだ。

「周りに刺さっているのは信念とか恐れだ。これまでに大分解消したが、まだだいぶある。ここにいるだけでスーパーラブが多量に入ってくる。今回は何もせずじっとしているだけでいい」

しばらくそのままでいる。特に何も感じない。10分ほどそのままでいる。

「かなりぐすぐすになってきたはずです。今度は頭のてっぺんからエネルギーを取り込み、エネルギー管を垂直に通して下から出しましょう」

背筋を伸ばして、これをしばらくやる。

その後、帰還。


終了時にそれほどめまいはしない。

この章でわかったことのまとめ

(1) ピラミッド内にいるまま、肉体を持ったままI/Thereへ来ることができる。
(2) ピラミッドの中では、肉体とすべてのエネルギー体の振動数が上がっていく。
(3) ピラミッドは自分の小型宇宙船、次元間旅行用の船、タイムマシーン。この中にいると、自分のエネルギー体が、上向きのピラミッドと下向きのピラミッドが底面で合わさった形(アクアヴィジョンのロゴ)になって、どこへでも行くことが可能になる。
(4) ピラミッドとヘミシンクの組み合わせは非常にパワフルだ。スターラインズでやったすべてのエクササイズをピラミッド内でやれば、しっかりとエネルギー体を伴ってすべての体験をすることができる。

（5）その結果、さらにエネルギー体が強化され、その分、意識の振動数を高めることができる。

（6）ピラミッド内では、エネルギーが高まるが、それは癒しの効果もあるので、眠くなる。

（7）ピラミッド内で高いフォーカス・レベルに来るだけでいい。次第にピラミッドを使うことに慣れてくる。そうすれば、ひとりでにエネルギーが高まり、いろいろなしこりが解消されていく。慣れることで、めまいも少なくなっていく。

（8）Ｆ27の癒しの場に来ると、ピラミッド内に座っている上に、そこのエネルギーも使えるので、二重に大量のスーパーラブをハートに取り込める。そのまま座っているだけでかなりの効果がある。

8章 フラクタル・アンテナ付き大型ピラミッド（2009年12月の体験）
理想社会への道のりとは、中国の民主化の予言

2009年12月3日（木）14：30より——浄化作業

雨。イスは高いものを使う。ハートが3分の1の高さに来る。スターラインズの「宇宙ステーション・アルファ・スクエアード」とメモリールーム」を聴く。

F42のメモリールームへ。

「子供のときのトラウマの元になっているような体験があれば、それを思い出して、解消したいです」

と言う。

「いいでしょう。呼び水として、北海道のころを思い出してください」

北海道の千歳に5歳から9歳まで4年間住んでいた。そのときのことを思い出す。

自分はコタツに入っている。自分はみかんの皮をむいている。父もいる。

「北海道じゃ、コタツはなかったはずだから、これはその前のことだ」

そう思うが、そのまま進むことにする。

父が何かのことで怒っている。いつものことだ。自分は怯えている。いつもそうだった。

少しウトウトした。どうもこの方法ではうまくいかない。

リリース&リチャージに切り替える。箱をイメージし、手をつっこんで取り出す。

しばらく続ける。胸に手を入れる形に変える。

すると、胸のところがパカッと開いた。手で中から何かを取り出すしぐさをしていると、なにやら金属のチューブのようなものが出てきた。ジャバラのようなものだ。どこまでも引っ張り出せる。

それが出切ると、それは手についたまま、ヘビのようにくねくねと動き出した。

こちらにまた入って来ても困るので、手で振り払って、遠くへ捨て去った。ヘルパーたちに何とかしてもらうことにする。

さらに、もう一度胸に手を入れて取り出す。またチューブが出てきた。長い。10メートルぐらいはある。それを完全に取り出す。

これらが何なのかはわからない。

「何ですか?」

「知らなくてもいいですよ。パソコンでいろいろなジャンクをクリーンアップして、捨てるじゃないですか。そんなものです」

終了時、少し目が回る。

２００９年12月8日（火）10：40より——エリダヌス座イプシロンの生命体

快晴。松果体が下面から３分の１の高さに来るイスに変える。スターラインズⅡの「２度目のポータルルーム」を聴く。

F42へ着く。例の網の目状パターンがうっすらと見えてきた。宇宙ステーションへ。さらにポータルルームへ。

今回はエリダヌス座イプシロンの生命体を体験することにする。そこに自分のＩ／Ｔｈｅｒｅメンバーがいれば、それが体験していることを体験したい。そう言う。

「いいでしょう」ということなので、しばらく待つ。

暗い宇宙空間が見えてきた。そこに黄色の筋が縦横にパターンを作っている。これがこの生物の見え方なのか。

「しばらく慣れるのに時間がかかりますよ」

その筋状のトンネルのような中を移動していく。ナレーションに従って、「シフトナウ」と言う。

すると、どこかへ来た。ここは明るくて黄色っぽいところだ。

なにか地下のレストラン、または居酒屋にいるような印象だ。いくつもテーブルがあり、なにやら生命体が多数いる。はっきりとは見えない。

一瞬クリックアウトしたのか、気がつくと、自分が何か話している。相手は女性だ。

「あなたが優しくしてくれないなら、いいのよ」

「あーそうかい、もういい。こんなところ2度と来るもんか」

何かキャバレーの女との会話のような印象だ。いっしょにいる仲間とここを去ることにする。黄色っぽい明かりの店の中を、人ごみの中を進んでいく。どこまで行っても同じような地下の部屋という印象のところだ。

彼らの姿が少しはっきりしてきた。羽のある茶色の生物で、何か、虫のような体つきをしている。「映画スター・ウォーズ」のエピソード2に出てきたアナキンが処刑される星（ジオノーシス）の生物、あれの印象に似ている。

「彼らが地下にいるのは、戦争中だからです。敵からの攻撃に備えるためです」

「そうなんですか。地上に出てみたいですね」

「それは戦闘になったらですね」

「敵機来襲、敵機来襲」というアナウンスが聞こえてきた。みなぞろぞろとどこかへ移動する。茶色の生物が何体もくっつくようにして束になって移動していく。そのまま飛行機のようなものに乗り込むのか。

「あなたも知ってのとおり、ここでは体に着る服がそのまま宇宙空間を飛ぶ機械になります。今はさらに大型の飛行機に乗ってまず敵のそばまで行き、そこから各自が飛び立っていきます」

みなといっしょに自分も飛び立っていく。暗い空間に出た。敵機を探して飛んでいく。

ここで帰還の指示が来た。ポータルルームへ戻る。

帰還。

同日11：40より
スターラインズの「銀河系コアの探索」を聴く。

Ｃ１で目をつぶると今いる部屋の様子が見える。窓とその前にあるブラインド。そこを通して町の様子。

Ｆ27の水晶へ。水晶の右隣に女性が立っている。ギリシャ風の白い服を着た白人女性だ。

「クリスタル・ガーデンへようこそ」とか言ってる。

「ここにはすべての水晶があるんですよ」

効果音に従って地球コアへ。

「その水晶もここの一部です」

先ほどの女性の声だ。

さらにＦ34／35のＶ８へ。

「その水晶もそうです」

Ｖ８の丸い部屋へ着く。バレー（ダンス）の白い服を着た女の子がソファに座っている。

誰だろうか？

Ｆ49へ向かう。

大きな貨物船の船尾が大きく開いている。その中へ入っていく。船内はトンネルになっている。その中をどこまでも進んでいく。Ｆ49に着いた。

左側の壁に丸いハッチがある。それが右側にスライドして開いた。

中へ入る。

そこは部屋になっていた。テーブルがいくつもあり、人がぱらぱらといる。前方にカフェテリアの食事をもらうカウンターのようなものが見える。ここはカフェテリアのようだ。宇宙ステーションの中か。

ナレーションがＶ８で銀河系コアへ向かうと言っている。宇宙ステーションに乗り込むんじゃなかったらしい。

「大丈夫ですよ。あなたはエネルギー体が強固になってますので、そのまま行けます」

船外へ出る。そのまま銀河系コアへ向かう。

暗い宇宙空間に光の点から成る渦が見えてきた。渦を斜め上から見ている。渦は左回転している。

形が変わっていく。別の渦になった。今度は右回転だ。その中へ入っていく。

「スターゲイトを超えていいですか？」

「どうぞ、お望みなら」

前方へ進んでいく。今回はトンネル状ではない。これまでと様子が違う。

「前に見たブドウの並んだところを思い出してみてはどうですか」

ブドウのような青い丸い球がいくつもすり鉢状に並んでいるところを思い出す。

青紫色のところへきた。ただ、ブドウ状にはならない。

しばらくイメージするが、そういう光景にはならない。

「これまでとは違った仕方での把握をしてみてください」

よくわからないが、しばらくそこにいる。

「見えるばかりが把握の仕方ではありません。ここは意識の世界ですから、むしろ見えない形での把握もあるんですよ」

どういうことだろうか。わかるということだろうか。ニューロンという言葉がひらめいた。

「あなたは脳の中のひとつのニューロンだとしたら、どうでしょうか」

ひとつのニューロンはその範囲のことはわかるが、ニューロンのネットワーク全体が脳を作り、それが何を考えているかまではわからないか。

「そうです。あなたは大きな全体の中の小さな一部です。ひとつのニューロンのようなものです。それが全体としてどう把握しているか、そういう把握の仕方もあるのです。

ここではそういう把握の仕方をすることも可能なんです。あなたの奥さんの意識を感じてみてください」

何か自分の足の指の中の小さな部分が家内の意識のような感じがする。

そこに意識を向けてみる。なんとなく家内が感じていることがわかるような気がする。

こういう多くの意識の全体がこのレベルでは感じられるのだ。その全体を一度に把握するのがこのレベルなのだろうか。

「あなたにもできるようになりますよ。前にやっていたのですから」

「前にやっていた？」

「大きなものの一部として」

「それではそろそろここを離れましょう。Ｖ８内を思い出してください」

ナレーションが銀河系コアを離れて、メモリールーム内でクラスター・カウンシルに会うように言っている。

宇宙ステーション内を思い出すことにする。

クラスター・カウンシルたちだ。丸いテーブルの向こうにずらっとエネルギー体が並んだ。

「何人いるんですか？」

「12名です」

いつもは13名だったが。

今話したのは誰だろうと思う。ディアナという感じがする。

「よく見えないんですよ。だからあんまりリアリティがないんです。どうしたら知覚が高まりますか？」

「あなたは会話ということがよくできている」

トートがそう言った。

「ピラミッドでの探索をさらにやっていくといい。そうすればさらに知覚が開いていく」

なぜか性的なエネルギーを感じる。

「性的なエネルギーはとても重要なんです。このエネルギーを使って知覚を広げていくことができます。上のほうのチャクラと下のチャクラが開いていくと、ハートももっと開いてきます。あなたはハートでの知覚が思っている以上に広がってきています」

母のことを思い出す。母になにかしてあげている。

「もっともっと母と交流するように。そうすればハートはさらに広がります」

家内や家族を思い出す。

「家族たちも同じです。そういう日々のことを通して、広がっていくのです」

帰還。

夕方５：30になるが、まだ、目が回る。今日はめまいがひどい。

やはりピラミッドでのエクササイズをやるのと並行して、食事に注意を向ける必要があるのだろうか。汚染されていない新鮮な野菜、くだもの。それから肉にしても化学物質による汚染が少ないもの。そういうものを食べるだけで、別に菜食主義にならなくても、けっこう効果はありそうだ。まず、手始めとして、その辺から気を付けていこう。

それから、何らかの体操、ヨガや太極拳のようなエクササイズも組み合わせていく必要がありそうだ。さまざまなトラウマのようなものは、肉体の部位に囚われているようだ。体を動かすことでそれを解放することも同時に必要なような気がする。

２００９年12月9日（水）

朝から少し目が回る。昨晩は頭痛があった。今は頭痛は治まった。頭の中心の松果体のあたりに違和感がある。

朝のＮＨＫニュースで、小児がんの子供について報じていた。目まい、頭痛、吐き気がしたので調べたら、脳にがんがあったとのこと。今感じてるこの目まいや頭痛は、このまま進むとがんになるのか？

ひでさんに電話でこの話をする。空海が瞑想してて、ある朝、太陽の光が入った体験をして悟りを開いたのは、ある本によると、松果体が活性化したためとのこと。

松果体のあたりの違和感は、これと関連するのだろうか。

２００９年12月13日（日）13：20より

曇り。松果体が下面から3分の1の高さ。いつものノイズキャンセリング・ヘッドフォン。5日ぶりなので、今はまったくふらふらしていない。普通に戻るには2、3日かかった。スターラインズⅡの「2度目のポータルルーム」を聴く。

ずっとウトウトしていて集中できなかった。昼食（サンドイッチとおにぎり）の直後だったからか。ポータルルームが終わり、自分の個室へ行くように指示された。そこは、明るい部屋で、丸く一段高くなっているところがある。直径5メートルほど、段差は10センチほどだ。見覚えがある。

これはラッシェルモアの宇宙船内で、彼がいつもいたところだ。ただし、今は明るい。前は薄暗かった。ここへ、宇宙船ごと持って来たらしい。自分の個室へ行くように言われていたが、別の部屋に来てしまったようだ。

ラッシェルモアが目の前にいるようだ。淡い白のシルクの服なのか、生地が見える。でも、はっきり見えない。

彼のリハビリが完了したという印象を得たが、確信が持てない。

同日14：35より

スターラインズⅡの「2度目のポータルルーム」を聴く。

ポータルルームへ。うまく把握できない。

「なにか自分がいま体験すべきこと、知るべき過去世があったら体験したい」

と言う。その後、よく確信が持てないが、以下の情報が来た。

「この過去世はこれまでに教えてなかったものだ。古代エジプトでトートの下で、トートといっしょにピラミッドを作った。トートの下に12名いたうちのひとりだ。忠実に指示に従って実行した。トートがイメージングでピラミッドを作るのを手伝った。それから、バシャールが言ってたように、音を使って作るのを手伝った」

本当かどうかよくわからない。


終了時、少しふらふらする。

2009年12月14日（月）11：50より

曇り、小雨。イスを高さが可変のものにする。一番高い位置。さらにクッションを2枚敷き、ハートがほぼ3分の1の高さに来るようにする。若干5センチほどハートが低いか。スターラインズの「F27の復習」を聴く。

F27でモンロー研の水晶へ。うまく把握できない。特にエネルギーを感じるわけではない。しばらくそこにいる。かなりぼーっとした。エネルギーのせい？よくわからないのでスペシャルプレース（F27に各自が作る特別の場）へ行くことにする。スキーをするイメージをする。これもよくわからない。しばらくスキーをして終了。

同日12：40より——アトランティスの神官

この新しい茶色のイスの高さを最低にする。松果体が3分の1ほどの高さに来る。これまでの青いイスよりはたぶん数センチ高い。スターラインズⅡの「2度目のポータルルーム」を聴く。

ポータルルームへ。ホールに柔らかそうな一人用のソファが並んでいて、そこに何人もの人が座っている。そのひとつに座る。

ここがポータルルームなのだろうか。あまりプライバシーがない。

「ここで意識を目の前のスクリーンに集中すれば、そのままプライベートな空間になりますよ」

そう誰かが言った。

前にスクリーンがありそうなので、それに意識を集中する。

「アトランティス時代に生きていたのなら、その人生を体験してみたいです」

すると、女性の雰囲気の声が続けた。

「あなたは神官でした。白い長い衣装をまとっています。古代ギリシャ人のような。白人のような顔立ちですが、肌は小麦色、黄金色に輝いています。

あなたはトートの弟子でした。トートは肉体を持って現れたり、非物質であったりしました。あなたはトートの教えに忠実に従い、神官兼国王（リーダー）としての役目を勤めました。ある領域の長でした。国全体がいくつかに分かれていて、それぞれに長官がいました。

この時代はアトランティスの最盛期に近く、平和で人々の意識は高く、すべてがうまくいってました。今から2万5０００年ほど前のことです。

光のエネルギーと水晶を使って、エネルギーを得て、植物を栽培していました。あなたは穏やかで輝かしい人生を送りました」

「今の自分はどうしてこうも違うんですか？　こういう因子はまったくないようですが」

「これはあなたのコアの部分が人として生まれてきた人生です。さまざまな人生はいろいろなことを体験するためのものです。今の人生もそれなりのことを体験するためのものです」

ちょうどナレーションがポータルルームへ戻るように言っている。意識をポータルルームに戻す。さっきの女性的な声が聞いてきた。

「ラッシェルモアにお会いしたいですか？」

「はい、ぜひとも」

移動する。廊下を進んでいくと、右手にドアがある。

ドアが開き、部屋へ入った。

そこには頭のてっぺんが禿げた（U字型に前方部に毛がない？）男性がソファに座っている。テーブルを囲んで他に5人ほどいる。何かの打ち合わせ中なのか。禿げた男性が話し出した。

「あなたのことをお待ちしていました。私をダークサイドから救出してくれてありがとう。おかげで自分が純粋な光の存在であったことを思い出すことができましたよ。あなたもじきに思いだすことができますよ」

優しい話し方だ。

ディアナはどこにいるだろうかと思っていると、

「さっき話をしていたのがディアナですよ」

やっぱりそうだったんだ。そういう雰囲気はしていた。

「これからあなたにお会いできるんですか？」

そう聞くと、

「これからはあなたのガイド役になります。でも、ディアナがそうであるように、意識をかなり高いところへ合わせないと私たちとは直接は交信できないです」

彼がガイドになったという情報は本当だったんだ。

ちょっと安心した。

帰還。

２００９年12月15日（火）10：10より――ラッシェルモア

Ｙさんが高さ20《チセンチ》くらいの台座を作ってくれた。その上に茶色のイスをのせる。ハートが３分の１の高さに来るようにイスの高さを調整。スターラインズの「宇宙ステーション・アルファ・スクエアードとメモリールーム」を聴く。


Ｆ42。ＳＳＡＳ内へ。ナレーションに従いプライベートなスペースへ向かう。着いた。そう、そう、今回はラッシェルモアとディアナに会うことを目的にしていたんだ。そう思い出して、お願いすると、

「しばらくお待ちください」

と声がする。

特に何も現れないが、いつものことなので、会話を始めようと思うと、ラッシェルモアが話し出した。

「再度言うが、私を救いだしてくれて、ありがとう」

「どういう経緯でダークサイドへ落ちたのですか？」

「あなたもご存知と思うが、第３密度、第４密度では物質的な世界で一度そういう道に

向かうと、どんどんそちらへ落ちていってしまう。ネガティヴ・フィードバックがかかる。

恐れが元だ。自分が他者と競争していると認識し、それを勝ち抜かねばならないと思い始めると、どんどんそちらに突き進むことになる。大いなるすべてとのつながりが弱まったことが元にあるのだが、それがますます弱くなっていく」

何だかさっきから意識を集中しているのが難しい。

「ハートを3分の1の位置に持ってくると、ハートへエネルギーが集まり、眉間や第3の目、クラウンチャクラの部分には集まらない。**ハートではむしろ癒しの効果が出るので、眠りを誘う方向に力が働く。そのため、努力しないと意識の集中が薄れる。**もちろん、意識を維持することは可能だ。でも、このポジションはむしろハートを癒すことをしたほうがいい。ただ何もせず、エネルギーを体験しているだけでいい。徐々に効果が出てくる」

F42にそういう癒しのセッションはあったかなと思っていると、

「SPAを聴くのがいい」

とのことだ。

そうか、次のセッションはSPAにしよう。

「もう少し大きめの、3メートルぐらいのピラミッドでやるのが理想的だ。そうすれば、ハートにエネルギーを集中しながら、第3の目にもある程度集中できる。

ところで今後はＦ42に来て我々に会おうとしなくてもいい。いっしょにいるので会話を始めればいい」

同日11：00より――ＳＰＡで休憩

スターラインズⅡの「ＳＰＡ」を聴く。

Ｆ27の水晶へ。空間に透明の水晶が見える。稜線が見える。

「あなたはハートの水晶を輝かすようにしましょう。これまで第３の目の水晶を輝かせてきました。それぞれに水晶があるのです」

地球コアへ。

第１チャクラのあたりに意識を移す。

「ここにも水晶があるのですよ」

そう声が言った。

Ｆ42へ。通路を進んでいき、右手に曲がると、そこはＡＮＡのロイヤルルームのような印象の部屋だ。ソファに数名人が座っている。

ナレーションがＳＰＡへ着いたと言ってる。

部屋が温室のようになった。背丈が２メートルほどの木が所狭しとある。緑の葉の木で、紫色の花がいくつも咲いている。何の木だろうか。椿のように葉は少し光っている。

木々の間を進む。しばらくするとＳＰＡ内の個人スペースへ着いたらしい。

そのまま何も考えずにただエネルギーを受け入れることにする。

しばらくウトウトした。

帰還の指示。特に何か感じるわけではない。


終了時、目が回る。

２００９年12月16日（水）10：00より――「２０１０年の中国での天変地異とその後の民主化」についての予言

曇り、寒い。茶色のイス、台座なし。松果体が３分の１の高さに来るようにする。

スターラインズの「宇宙ステーション・アルファ・スクエアードとメモリールーム」を聴く。


Ｆ42に着いた。ヘルパーにラッシェルモアに会いたいので、彼のところへ連れて行ってもらうことにする。でも、いちいちそういうことをしなくても、彼にコンタクトできると言われていたことを思い出した。でも今回は一応会うことにする。そういうステップを踏むことにした。

大きな部屋に着いた。左手にカウンターがある。右手は広い空間で、向こう側には大きな窓が並んでいる。明るいところだ。

カウンターに誰かがいる。前に会ったことがあるバーテンダーのようだ。

「ここで待ってればいいですよ」

しばらく待つ。ラッシェルモアが来たのか、存在感がある。会話を始める。

あらかじめ考えていた質問をする。

「鳩山さんについて聞きたいのですが、彼の素性はやはり宇宙人ですか？」

「彼についてのあなたの推測は正しいです。彼はここではよく知られた存在です」

「ということは、プレアデス系ですか？」

「そうです。我々の下部組織の存在、第5密度に属しています。彼は今回の2012年がらみの転換がうまく進むようにボランティアとして、地球へ入りました。

この人生がうまくいくように、その前にいくつもの生を生きています。日本の武将としてやヨーロッパで生きています。その中で学び、今回の生がうまくいくように体験を積んでいます。アメンホテップ4世の例がありますので、突然入ってもうまくいかないのです。我々もその点では学んでいます。彼は高い理想を実現しようとしています」

「オバマは？」

「彼も同じように高い意識の存在ですが、さらに高く、第6密度です。彼も同様に高い理想を実現すべく、人間になりました。ただ、一度人間に生まれると、こちら側とのつながりは弱くなりますので、後は彼ら自身に任されます。もちろん高い理想のことはしっかり覚えています。ただ、鳩山氏とオバマ氏が互いにつながっているわけではありません」

「高い理想と現実のギャップで悩むのではないでしょうか?」

「はい、ただ、それはあらかじめ予想されていたことです。そのための練習をこれまでの人生で積んできています」

「鳩山氏はどういう理想を実現しようとしているのですか?」

「彼が実現しようとしているのは、第4密度の世界です。第4密度の世界について詳しくはバシャールから既に聞いていますね」

「はい。でもそれはかなり先の話ですよね」

「はい。でも彼はそれを実現しようとしています」

「その前の段階にどういう社会になるのか、もう少し具体的なステップを語ったほうがいいのではないですか?」

「そうだと思います。民衆に見えるような形で、これからどういう道筋を経て、その理想社会になるのか、語るべきでしょう」

「どういう道筋ですか?」

「鳩山氏がどう考えているかわかりません」

「あなたはどう考えるのですか?」

「この点については我々の共通意識があります。あなたもそこにアクセスすれば把握できます。そのために、一番いいのは、我々といっしょに考える作業をすることです」

「そうですか。じゃ、考えてみましょう。

まず**理想の社会は、みなの意識がつながっていて、共鳴状態になっている。そのため、政治は、みなが一緒に考えることで、答えを得る。代議士はいない。**

もしかすると、**そこまでいく前に、賢人会のようなものができるかもしれない。みなをリードするような賢者が世界で何人かいて、それがみなの意識の統合を図りつつ、導いていく。**

まだみなの意識がうまくつながっていない状態で、意識の共鳴状態が作られていない段階では、何人かの賢者がその統合を目指しつつ、みなを導いていく。彼らは上とつながっているので、賢明であり、聡明で、英知と愛情にあふれている。みなの意識もこの段階ではかなり高くなっているので、賢者に従うことを悪いこととは思わない」

「このさらに前の段階は？」

「**ここではみなの意見は相当に分かれている。ただし、ネガティヴな、恐れを基にした発想の人はかなり減ってきている。そのため、戦争や競争よりも、協議、協調、調和が重んじられる。**

そのさらに前の段階は、今の段階。ネガティヴが圧倒的で、恐れを基にした発想が主。恐れから、軍備を持ち、場合によっては戦争をする。力によって相手を支配する。

オバマはアフガニスタンの増兵を決めたが、これなんかもネガティヴな発想ではないのか。力による平和の実現を目指していないのか……」

ここまでいっしょに考えてきた。ここからはラッシェルモアが続ける。

「そうですね。彼は理想と現実の間で相当に悩んでいます。これが物質世界の難しさなんですね。ただ、彼は武力で平和をもたらした後に、次の段階へ進もうとしています。現実路線をとっているわけです。２０１２年に関連して、ネガティヴが弱まっていくので、この方法がうまくいく可能性はあります。ただし、ネガティヴな力がかえってそれで増長されてしまう危険性もあります。ある種のかけですね」

「鳩山さんの理想はどういう日米関係なんでしょうか？」

「考えてみてください」

またいっしょに考えることにする。

「最終的な理想は、武力のない世界。すべての国が協調し、協力し合う。というか、国もないですね。その前の段階として、国あるいは何らかの集団はある。それぞれに賢者がいる。でも、国の間には強い信頼関係があり、武力はまったくいらない。戦争なんかもちろんない。

日本、米国、中国など、みな信頼し合い、同じ理想を掲げ、実行している。それぞれに賢者あるいは賢者集団がいて、導いている。

その前の段階では、それぞれの国にそれぞれの理想があり、それが互いに少し違う。でも信頼関係は構築されつつある。

その前は、理想はかなり異なり、利害は一致する点としない点がはっきりある。そのために互いの信頼関係は弱い。

鳩山さんが目指しているのは、信頼関係の構築。同じ理想を持つこと。東アジア共同体がそれだ。アメリカとの信頼関係はそのために当初は少々犠牲にしていい。同じ資本主義国家、自由主義国家だから、信頼関係は強いから、少々なら待てる。その間に、理想がかなり異なる中国との関係を良くしたい。信頼関係を強くすれば、武力もいらなくなるだろう。彼はそう考えている。

甘いと言えるかもしれない。中国の理想とする世界は、日本のそれとかなり違っている。そういう段階で、信頼関係を構築するのはできるのか。でも彼が以前言ってたが、考えが同じ人どうしの間の関係だけをやってるのは外交とは言えない。考え方が異なる人たちとの間のことをやるのが外交。そういう人たちと仲良くやっていくのが真の外交だと。つまり、考え方、理想が異なる中国や韓国、北朝鮮との間で信頼関係を構築することこそが真の外交だということだ。

そういう信頼関係さえできれば、武力はいらなくなる。そう彼は考えている。そのために、日米同盟も、武力という意味では、もっと薄いものにしていくというのが彼の理想だ。

チベットを武力で統治している中国をそんなに信頼できるのか。

相互不可侵条約でも結べば別だが。

どうでしょうか。こう考えてきましたが、鳩山さんの考えでうまくいくのでしょうか？」

「中国にもポジティヴな政治家が現れてくるとは考えられないですか？」

「そうですね。確かに中国側が変わることも考えられますね」

「そうです。あの国こそ、今度の２０１２年がらみで大きく変化すべき国です。パラレルワールド的な視点に立てば、ポジティヴな地球に行く側にいるなら、中国が大きく変わっていくでしょう。そうでなければ、世界がポジティヴにならないでしょう。人口が世界人口の10分の１以上ですから」

「確かにそうですね。でもどうやってそんなに変わるのですか？」

「ゴルバチョフを覚えてますよね」

「あっ、そういうことですか。彼のような人が現れるのですか？」

「はい。中国にそういう人あるいは人たちが現れます。真の自由を与える人たちです。チベットやウイグルを解放します。国内に言論の自由をもたらします。つまり日本やアメリカと同じ理想をかかげるようになるのです」

「それはいつ起こるのですか」

「すぐにです。**２０１０年の地震、天災が元で、大規模な暴動が起こります。その結果として、その中から新しい指導者が出てきます。彼は国民の真の解放を訴えます。そして言論の自由を勝ち得ていきます。この運動はあっという間に起こり、成功します。**

と言うのは、多くの人がそれを望んでいたからです。この革命の結果、中国は真の自由

国家に変貌します。日本と同じ理想を持つようになり、信頼関係の構築はよりスムーズにいくようになるでしょう」

（註：バシャールは、２０１０年に世界のさまざまな地域で地質学的な変化が起きる可能性が高いと言ってる（『バシャール×坂本政道』〈ＶＯＩＣＥ P203〉。実際、２０１０年になり、２月の段階で、すでにハイチとチリ沖で大地震が起きている）

「何だか、すごく気が楽になりました。確かに中国が大きく変わってくれなければ、信頼関係もなにもないですよね」

「そうです。中国が変わることは諸外国にも大きな影響があります。イスラム圏での自由化を加速するでしょう。彼らは彼らなりの理想国家を作っていきます。もちろん自由ということを彼らなりに受け入れるようになります」

「すばらしい未来ですね。ありがとうございました」

ここまで同じＣＤを２回聴いていた。

帰還。

今回は途中から、パソコンで記録を取りながら行なった。今回は松果体が３分の１の高さだったが、ハートが３分の１の高さのときと、差は歴然としている。昨日は眠くてしょうがなかったが、今日はそういうことはなかった。

セッション終了後、この研究機関でミーティングがあった。話しながらコーヒーを少し（上から2センチほど）飲んでいたら、急に目が回ってきた。それほどふらふらしてないと思っていたので、意外だった。コーヒーをやめ、水を飲む。

2009年12月17日（木）10：10より

茶色のイス、台座あり。ハートが3分の1の高さ。スターラインズⅡの「2回目のスターゲイト」を聴く。

F27からF34／35のV8へ。そこから直接F49へ。かなり眠い。やはり、この位置は眠くなる。

F49でクラスター・カウンシルにスターゲイトを超えていいかと聞く。OKとのこと。

今回はクラスター・カウンシルのメンバーはいっしょには行かないが、ヘルパーが同伴するとのことだ。いまいちはっきりしない。

スターゲイトのイメージも良く見えないが、超えていくことにする。

すると、目の前に上下方向に細長い白っぽいものが現われて、いっしょに上がっていくようだ。竜だ。エリダヌス座イプシロンの生命体だろうか。

「もっと上のほうの存在です」

とそれが答えた。いっしょに行くヘルパーだ。

「どこまで行きたいですか？」

と聞いてきた。

「できるだけ高くまで」

と答える。しばらくすると、

「ここら辺でどうですか?」

とそれが聞いてきた。

「何も感じられないんだけど」

「かなりのエネルギーが入ってきていますよ」

ハートでエネルギーを感じようとするが、よくわからない。

「もっと上へ行きましょう」

ここでもよくわからない。

「少し第3の目にエネルギーを入れて見えるようにしましょう」

暗いが、足元を見ると、球がいくつか淡く見える。かなり上のほうにいる感覚はある。

ここは、暗い中、ガラス張りのドームの中にいるような感じはある。ただし、そこに閉じ込められているような閉塞感はない。むしろ開放感がある。

しばらくして、ナレーションに従い、帰還する。

このセッションの途中で咳が何度か出た。ハートと喉の間あたりの詰まりを解放していたのかもしれない。

同日11：10より――ラッシェルモアとディアナに会う

スターインズの「宇宙ステーション・アルファ・スクエアードとメモリールーム」を聴く。今回は台座をどけて、松果体が3分の1の高さに来るようにする。

F42へ着く。ロビーのような赤いカーペットが敷かれたところにいる。奥のほうに店があるように見える。

よく見ると、店ではないようだ。棚のようなものがいくつか立っている。売り場のようにも見えるが。

ロボットのような存在が話しかけてきた。

「あなたはここに何度も来てますよね。こちらへどうぞ」

「あなたはロボットですか？」

「いえ、ちゃんとした生命体です」

「それは失礼しました」

「でもバイオ技術で作られたので、そういう意味ではロボットっぽい印象を受けるのは当然ですが」

そのまま右手のほうへ進むと、パティッションで仕切られた小さな3畳ほどの部屋に来た。中に机があり、何か食べ物が置かれている。

「食べていいですか？」

「いいですよ。好きなもののはずです」

何だろうか。白っぽくて、ケーキのような丸い形をしている。クリームチーズという印象だ。食べてみる。特に味は感じられない。

「あなたはいつも少し緊張感があり、体験にどっぷり浸からないので、味を感じられないのです。もっとどっぷり浸かれば、感じられますよ」

そうなのか。

「ラッシェルモアとディアナはすぐに来ますよ」

と言うと、ヘルパーに代わって、誰かが入ってきた。

「いやー、お待たせして、悪い」

ずいぶん、気軽な感じで男性が話した。

「いろいろな感じで話すことはもちろんできるんですよ」

向かって左に女性が、右手に男性が座った。

「こういう形で親子3人がいっしょになるのは初めてですね」

そうディアナが話し出した。

「親子という感じはぜんぜんないんですが」

私がそう言うと、ディアナは続けた。

「そうでしょうね。あなたは生まれてすぐに、エネルギーの泡の状態で離されたから」

「あなた方2人が親というのは本当ですか？」

「はい。2人が自分たちの部分を使って新たな可能性を生み出す決意をしたのです。そして2人の融合により、これは人間のセックスと似たプロセスなのですが、私は妊娠し、20人の子供たちが生まれました。その中の2人がモンローとあなたです。ラッシェルモアがダークサイドになったので、あなたとモンローはプレアデスに隠されたのです」

ラッシェルモアが話し出した。

「あなたはその後、ずいぶん成長された。さまざまなことを経験してきた。コアの部分はこの前聞いたように、トートの助手の役割を果たした。いよいよその経験を生かすときが来たのだ。これからいよいよ本領を発揮することになる」

「具体的には何をするのですか?」

「わかってると思うが、ピラミッドだ。**今やり始めたピラミッド内でのヘミシンクのエクササイズだ。これを完成し、広める。そうすることで14万4000人が目覚める**」

「目覚めるって、18万ヘルツにまで達するんですか?」

「少なくとも意識の振動数は相当高くできる。肉体も上げることができる。

あなたは我々とのつながりを強めていくことが必要だ。日頃から我々2人に意識を向けることで、つながりが強くなる。そうすると、ポジティヴな思考、感情とそぐわないような行動を自分がすると、強い違和感を覚えるようになる。

だから、つながりを強めていくことが重要で、**そうすることで、徐々にネガティヴな行動を避けるようになるのだ。その結果、ポジティヴになっていく。**

だから、**第6（第3の目）と第7（クラウン・松果体）**のチャクラを通して、**上のほうとのつながりを強化することがまず重要だ。それは英知を常に得ることにもなる。**

それから、**ハートを通しての愛情のエネルギーとつながることも大切**。そのためには、ディアナのこと、彼女の優しさを思い出すのが役立つ。

さらに、**第1（基底部・両足の付け根部分）チャクラを通しての大地とのつながりが大切だ。**このつながりも意識するように。大地へのつながりを強化するために、地球コアへ行くエクササイズもやる必要がある。

それから**第2（仙骨・生殖器）チャクラ。これも性的なエネルギーとのつながりを強くすることが大切だ。**ディアナが手助けしてくれる」

さっきから、体の中を通る管、柱のイメージがある。各チャクラへエネルギーの流れ込みのイメージ。特に上の第6と第7チャクラ、ハート、それに第1チャクラが大事だ。

帰還。

帰りの車の中で、ハートのあたりに何かが詰まっているような感覚がある。

この章でわかったことのまとめ

（1）ピラミッドの焦点の位置がハートに来る場合、癒しの効果が出るので、眠りを誘う方向に力が働く。そのため、努力しないと意識の集中が薄れる。
(2)未来の理想社会では、みなの意識がつながっていて、共鳴状態になっている。そのため、政治は、みなが一緒に考えることで、答えを得る。代議士はいない。
その前の段階では、賢人会のようなものができる。みなをリードするような賢者が世界に何人かいて、それがみなの意識の統合を図りつつ、導いていく。

さらに前の段階ではみなの意見は相当に分かれている。ただし、ネガティヴな、恐れを基にした発想の人はかなり減ってきている。そのため、戦争や競争よりも、協議、協調、調和が重んじられる。

さらに前の段階は今の段階。ネガティヴが圧倒的で、恐れを基にした発想が主。恐れから、軍備を持ち、場合によっては戦争をする。力によって相手を支配する。
(3)中国で2010年に地震、天災が起こり、それが元で、大規模な暴動が起こる。その結果、新しいゴルバチョフのような指導者が出てくる。彼は国民に言論の自由をもたらす。チベットやウイグルを解放する。この革命の結果、中国は真の自由国家に変貌する。日米と同じ理想を持つようになり、信頼関係の構築はよりスムーズにいくようになる。
(4)私は今やり始めたピラミッド内でのヘミシンクのエクササイズを完成し、広めることを積極的にやる必要がある。そうすることで14万4000人が目覚める。
(5)私はラッシェルモアとディアナとのつながりを強めていくことが必要。そうすると、ポジティヴな思考、感情とそぐわないような行動を自分がすると、強い違和感を覚えるようになる。そうすることで、徐々にネガティヴな行動を避けるようになる。その結果、ポジティヴになっていく。

第6（第3の目）と第7のチャクラを通して、上のほうとのつながりを強化することがまず重要だ。それは英知を常に得ることにもなる。

ハートを通しての愛情のエネルギーとつながることも大切。

第1チャクラを通しての大地とのつながりが大切だ。

第2チャクラ。これも性的なエネルギーとのつながりを強くすることが大切だ。

9章　フラクタル・アンテナ付き大型ピラミッド（2010年1月の体験）
大いなるすべての扉を開くキーとは

2010年1月2日

英語で数学の試験を受けている夢を見た。悪夢だ。途中で目が覚めた。悪夢による解放が進んでいるのか。

2010年1月7日（木）11：00より

薄茶色のイス、松果体が下から3分の1の位置。今年初めての実験。年末年始のもろもろのことで、しばらくやってなかった。スターラインズの「宇宙ステーション・アルファ・スクエアードとメモリールーム」を聴く。

レゾナント・チューニングの際に、底面から3分の1の高さの位置に、ピラミッドの四隅と頂点の5点から線が集まっていて、エネルギーが集中しているという印象を得た。

意図してエネルギーを集めてくるイメージをするのがいいらしい。意図することが効果をさらに高める。

久し振りということもあり、ゆっくりとナレーションに合わせていく。

F42でメモリールームへ。ディアナに来てもらう。

はっきりとは把握できないが、少し会話をする。今回は、F42にいてそのエネルギーに慣れることをするだけでいいとのこと。

しばらくボーっとしている。ところどころ意識が飛んだ。

帰還。


終了時、それほどふらふらしない。

同日12：00より――人類型生命体の本当の起源

スターラインズの「宇宙ステーション・アルファ・スクエアードとメモリールーム」を聴く。

レゾナント・チューニングの前からディアナが話しかけてきた。

「F35ぐらいまではもっとガイドさんたちと交信するようにしてください。彼らのほうがそういう意識レベルでは交信しやすいはずです。私はもっと上のF42あたりからです。

私はガイドとしてはあなたがエリザベス・陽子と呼んだ存在や、あるいは、ユリア・シュナイダーと呼んだ女性として表現しています。あなたが思っているよりもずっと美人でかわいい人たちです。特にユリアはあなたの大好きなタイプです。彼女と交信することで、第2チャクラが活性化できます。

実は以前、第2チャクラの活性化を試みたことがあったのですが、うまくいきませんでした」

「ブルース・モーエンにとっての『官能からの女性』と同じですね。あーいう体験をさせようとしていたのですか？」

「そうです。ブルースと同じ体験をすることで女性性と男性性の統合が起こります。また、第2チャクラがさらに活性化されます。ぜひ試みてください。

また、彼女はハートチャクラを開くのにも大切です。

それから、大自然とのつながりを強めるには、あのネイティヴ・アメリカンのガイドがいいでしょう。もっと交信してください。ハワイに行くのも、大自然との結びつきを強めるのに大いに効果があります」

「ハワイには火の神がいたような気がしますが」

火なので、第3チャクラにも関連しているという印象を受ける。

「それからエーゲ海で修行僧だったガイド。彼は古代エジプトでトートのアシスタントもやっていますが、知性とのつながりを強めるのに重要です。あなたはすでに彼とは交信していますが、今後ピラミッドの研究を進める上で大切です」

Ｆ35のＶ８へ。

「私はＶ８の外で待ちます」

ディアナは中へは入ってこないようだ。Ｆ42へ向かう。

「先に行ってます。向こうで会いましょう」

そうディアナが言った。

Ｆ42に着く。赤いカーペットのロビー風の場所だ。ヘルパーと自分のプライベート空間へ。何やら、ビクトリア調の部屋へ来た。

誰かがふっと目の前のソファに現れた。

ディアナだ。姿はそこまではっきりとはしない。

「ここでは姿を持つことができるのですね」

「はい。ここではもちろんエネルギー体ですが。それからあなたの意識の中へ私の姿を直接投影してもいます」

「それほどはっきりとは見えないのですが」

「それはあなたの知覚能力によります」

「そうですか」

「ラッシェルモアは来ないんですか？」

「彼には他にすることがあります」

「忙しいんですね」

「はい、あなたの理解を超えたことですが、彼にはすることがあります。必要とならば、ここに姿を見せますよ。今日はすごく大切な話をしますので、心して聞いてください。あなたの起源についてです。どこまで知ってますか?」

「あなたとラッシェルモアの子供だということ。でもその前にもオリオン大戦で活躍した存在たちもいて、彼らも自分だということ。ただ、このあたりは矛盾しているように思えるのですが」

「あなたは私とラッシェルモアの子供として生まれました。それが原初のあなたです。原初のあなたはさまざまな体験をするために、一部は本体から分かれ、オリオンでいくつもの生を体験することになりました。これらの生もあなたのI/Thereの一部です。ところが、ラッシェルモアがダークサイドになったので、本体はプレアデスへ隠されました。プレアデスに隠された本体は、その後地球やその近傍の星々でさまざまな生命存在を体験しました。それもあなたのI/Thereのメンバーです。

実は我々はオリオンにやってくる前に、銀河系コアのそばにいました。バシャールの話だとアヌンナキは別宇宙から直接、こと座の星とオリオン座のリゲルに来たことになっていますが、それは話を簡単にしています。

オリオンに来る前に銀河系コアのそばにまず落ち着きました。このことは、以前スターラインズのあるセッションで銀河系コアのそばに行ったときに聞いてますよね」

「はい」

「で、銀河系コアからはオリオンだけでなく、銀河系内のさまざまな領域へも行ってそこで植民しています。オリオンだけではないのです。ご存知のように銀河系は広大ですから、オリオンの近辺だけというのはありえないでしょう」

「そうですね」

「また、この銀河系だけでなく、アンドロメダ銀河やそのほかの銀河にも植民しています。以前、スターラインズで遠くの銀河を訪れたことを覚えていますか？」

「はい。人類によく似た生命体が住んでいました。手が少し違ってましたが。あそこもそうなんですか？」

「えー。あの遠くの銀河へも植民しています」

「ずいぶん遠くまで行ってますね」

「えー。かなり遠方の銀河です。この前のスターラインズでM87へ行ったときのことを覚えてますか？」

「はい。M87まで来たということには深い意味があると言われました。統合が済んだということだと」

「M87はこの宇宙で中心的な存在なんです。アヌンナキは実はこの宇宙へ入ってきたときにまずM87へ行きました。そこで許可を得、そしてさまざまな情報、DNAなどをも

らい人類型生命体を作ったんです。さらに、**M87の意識集団の意識の一部ももらってます。だから、アヌンナキたちとM87の生命体たちのいわばハイブリッド（混血）が我々なんです**」

「そうだったんですか」

「はい。で、アヌンナキはこの宇宙のさまざまな領域へ行き、そこで人類型生命体を繁栄させたのです」

「ところでこういう知識を得ることは私にとって重要なことなんですか？」

「はい。あなたが意識を拡大していく上で知っていかなければならないことのひとつです。いくつものことを知っていくことが必要です。

さらに、あなたの無意識の領域についてももっと明らかに知っていく必要があります。ご存知のように**人の意識の9割は無意識です。これを明らかに知るようになることが第4密度へ移行するのに必要です。**無意識に潜んでいる部分を知るのであって、それを否定するのではありません。

あなたがネガティヴな感情を持ったり、行動をとったりする背景には無意識の影響があります。どういうことがその元にあるのか、明らかにしていく、そうすることで、それを解放したり、それを癒すことが可能となります。ですから、ピラミッド内での体験で無意識の部分にもアクセスするようにしていきます」

2010年1月12日（火）9：55より――純粋な白い光

薄茶色イス、松果体が下から3分の1の高さ。スターラインズの「宇宙ステーション・アルファ・スクエアードとメモリールーム」を聴く。

開始してすぐにガイドのひとりと交信が始まった。エーゲ海で僧侶だった過去世の自分。古代エジプトでトートのアシスタントだった存在だ。

「あなたと意識を合わせるのに何かいいシンボルのようなものはありますか。バシャールの場合のダリル・アンカの話し方に相当するような」

そう聞くが、特に答えはない。エジプトの神官のようなイメージがうっすらと見えるが、確証はない。

「古代エジプトではトートは肉体的な姿をとっていたのですか？」

「いや。一般の人には見えなかった。私はトートを光の存在として把握していた。アトランティスでは肉体を持った存在として姿をとることもあった」

このガイドはアトランティスでもトートのアシスタントとしてピラミッドでの儀式を指導していたのだ。

「あのアトランティスの時代はすばらしい時代だった。アトランティスの全盛期であって、人々の意識は高く、振動数的には10数万ヘルツだった。我々の指導はある意味それほど難しくはなかった。人々がみなこういうことに価値を見出していたからだ。当時、この生命エネルギーは「純粋な白い光」と呼ばれていた。だから神官たちも白衣をまとっていた。

ピラミッドはこのエネルギーを集め、主に癒しや健康増大のために使われていた。現代知られているような形の電磁エネルギーへの変換は行なわれていなかったが、それと類する効果は得られていた。当時は今のような物質偏重の世界ではなく、もう少し精神的な面を強調する世界だった。

このエネルギーを松果体に集中すれば知性が得られ、ハートに集中すれば愛のエネルギーが得られ、第2チャクラに集中すれば、性的なエネルギーで代表されるような生命・創造エネルギーの成分が得られる。ピラミッドの四隅と天頂から延びる線を意識して、エネルギーが焦点（下からに3分の1）に集まってくるとイメージする。もちろん実際には面や全体構造が重要な役割を持っているのだが、このようにイメージするのが役立つだろう」

V８へ行く段階になった。

「また後で会おう」

さらにF42へ。メモリールームへ。

ここから先、ディアナと交信する。うまく集中できない中、最近自分の身の上で起こったいくつかの問題について聞いてみた。

「心配はいりません。**ご存知のように、ピラミッド内での実験を進めていくと、こうい**

う日常での問題がどんどん出てきます」

しばらくボーっとしていた。

ナレーションの指示でＶ８へ。さらに、Ｆ35へ戻る。先ほどのガイドと交信。

「古代ではピラミッドの中で音を使って意識の振動数を高めていた。今はヘミシンクがあるのでこの部分はいらない。**最後にハートにエネルギーが入る段階で、今まさにあなたが体験しているようなさまざまな問題が出てきて、それに対峙する必要があった。そこを超えて初めて高い振動数に到達できた」**

同日11：00より――ＳＰＡでの癒し

台座を敷く。ハートが３分の１の高さ。スターラインズⅡの「ＳＰＡ」を聴く。

初めからさっきのガイドと交信する。

「**ピラミッド内の最後の段階でハートにエネルギーを入れる段階になると、ファラオ候補はみな恐れた。閉じ込めていた怒り、憎しみ、恨み、苦しみ、悲しみがどんどん出てくるからだ。これをあなたは体験することになる。**

高い意識状態になってこれを行なうことで、その過程を緩和することができる。高い意識で統合する作用が働くからだ。

今回のようにＳＰＡのような癒しの場で行なうのは、さらにいいだろう。癒しの効果によりさらに緩和される」

F27の水晶へ。白っぽいエネルギーだ。ここは優しさと慈悲の心があり、とても癒される。

F34／35のV8へ。さらにF42へ。今回は乳白色のホールへ来た。ナレーションに従い、SPAへ向かう。

緑の葉がびっしりと生い茂る温室のようなところへ来た。笹のような幅広の葉だ。目の前に黄色の花が見える。別の木にはピンク色の花が一面に咲き乱れている。ここは湿度が高いのか、少しむっとする。葉を押しのけて先へ進む。

別の部屋へ来た。ここはアジアン・テーストの部屋だ。ここで癒しが行なわれる。

今回は時になにもせず、そのままじっとしていることにする。

眠くなってきた。少しウトウトした。

帰還。

2010年1月14日（木）9：45より

快晴、寒い、外は2度。茶色のイス、松果体が3分の1の高さ。スターラインズの「宇宙ステーション・アルファ・スクエアードとメモリールーム」を聴く。

すぐにガイドが話しかけてきた。トートのアシスタントをやっていた男だ。

「ピラミッドを使って意識を高めるにはさまざまな方法がある。我々はその一部を知っていたにすぎない。まだ未知の部分もある。**我々は声を使った。ピラミッドの振動数と我々の声の振動数がちょうどオクターヴス違いだと、共鳴するが、高い振動数のエネルギーを低い振動数へ下ろすことができる**」

その後、交信はいまひとつ確信が持てなかったが、このピラミッドでも声を使ったほうがいいと言っていたような気がする。よくわからない。

その後、F42へ。網状のパターンが見える。さらに宇宙ステーション内へ。赤いカーペットのロビーに来た。

その後、自分のプライベートなスペースへ。ビクトリア風の部屋に来た。

自分のI／Thereクラスターについて聞く。

「I／Thereクラスターはあなたが想像しているよりもはるかに大きな存在です。フランシーンもメールで言ってたように。

あなたのI／Thereも大きい。地球近傍の星の上での自分だけでなく、オリオンでの生命体験、それから銀河系コア近くでの体験も含まれます。

さらに、覚えてますか、M87**にアヌンナキたちがやってきて、そこでいくつにも分かれていろいろな領域に入って行ったということを。I／Thereクラスターズはそこまで戻ります**」

ここらあたりから、意識を集中するのが難しくなった。

帰還。

今回はそれほど目が回らない。

同日10：40より――地球コアへ

スターラインズの「地球コアの復習」を聴く。

地球コアF12へ。ガイドが話し始める。

「地球上のすべての生命は地球の恩恵を受けています。エネルギーの供給を受けているのです。地球は、地球のまわりにエネルギーの場を形成しています。ブルースの本に出てくるように霊重力を生み出しています。地球の生み出すエネルギー場の中に、物質界もF35までの非物質界もあります。地球とのつながりがあるためにしっかりと物質界に留まっていられるのです。それがなくなると糸の切れた凧のように、ふわふわ離れていきます」

「宇宙に出た人はどうなるんですか。月に行った人とか」

「短い期間なら大丈夫ですが、長期にわたると影響が出てきます」

地球コア27へ。

何か、安定感を覚える。ここととのつながりがやはり基盤なのだろうか。

Ｃ１を経由してＦ27の水晶へ。しばらくボーっとしてる。その後、ウトウトした。帰還。

終了時、かなり目が回る。

２０１０年１月15日（金）９：50より――白血球のような生命体

快晴、寒い。茶色イス、松果体が３分の１の高さ。初めて東向きに座る。これまではすべて南向き。スターラインズⅡの「ポータルルーム」を聴く。

アファメーションで、トートのアシスタントだったガイド、ネイティヴ・アメリカンのガイド、それからディアナとラッシェルモアの導きと手助け、守護をお願いする。トートのアシスタントをやっていたガイドと交信する。

「**レゾナント・チューニングをやるときに、まず低い声で地球のコアを意識する。次に少し上への第２チャクラを意識し、さらにみぞおちを意識する。さらにハートチャクラを意識する。声は徐々に上げて来てもいいし、それが難しいなら、地球コアで低い声、ハートで少し高い声にしてもいい。こういうふうにエネルギー管の中を意識を向ける位置を徐々に上げてくる。**

特に地球コアとのつながりが大切なので、レゾナント・チューニングでは地球コアに意識を向けて低い声を出すことを十分やる。

レゾナント・チューニングが終わったら、ヘミシンクに合わせて、徐々に意識を第1チャクラから上げていき、Ｆ27の水晶のところで、ハートに意識がくるようにする。Ｆ27がハートである必要はないのだが、このヘミシンク・セッションではＦ27の水晶がとても優しく、あなたにとってハートのエネルギーを感じるのにもっとも適しているから、そうすることをお勧めする」

Ｆ27の水晶。なんともいえない優しさ、癒し。それをしばらく感じている。ハートに意識を向けることでハートを開く効果が高まる。

次にスリング・ショット法。まず地球コアへ。その時、第1チャクラへ意識を向ける。そして、一息で、Ｆ34／35のＶ８へ。ここは眉間に意識を向ける。

ここからさらにＦ42へ上がっていく。自分がエネルギー体になって、いっしょに上へ上がっていく感じがする。

頭の上のほうに意識を向けているような感じだ。

宇宙ステーション内へ。

ナレーションに従って、ポータルルームへ向かう。ヘルパーと簡単な会話する。

両側が壁になった廊下のようなところを進んでいく。廊下はゆっくりと曲がっていく。

ポータルルームへ。広いスペースへ着いた。

今回は自分のＩ／Ｔｈｅｒｅクラスターのメンバーをもっとよく知ることを目的として

いた。そうお願いする。

「それでは、この銀河系ではないところにいるクラスター・メンバーを体験してみましょう」

「アンドロメダ銀河ですか?」

「いえ、別の銀河です」

「どこだろうか」

おおぐま座のM101という言葉がひらめくが、定かではない。

「これから移動します。前方に意識を集中してください」

真っ暗な中に何となくトンネルのようなものがうっすらと見えてきた。

「この中を進みます。瞬間移動してもいいのですが、あなたがこの体験に徐々に入っていくことができるように、このプロセスをとります。ご存知のようにクラスター・メンバーはI／Thereクラスターの本体と意識の糸でつながっています。その中を通っていきます」

徐々に前進していく。

「銀河に到着しました」

特に何かはっきり見えるわけではないが、何かのパターンは見える。進行方向が少し変わった。さらに進む。

「星のシステム内へ入ります」

進行方向が変わり、一挙に下のほうへ向かっていく。

この星の名前はシグマXだとひらめいた。

「この第3惑星に近付きます。なにか見えますか？」

白い表面に筋状のパターンが縦横に走っているのが見える。

「木星の衛星のエウロパみたいですね」

「そうです。まったく同じです。表面は氷で覆われていますが、その下に水があります。水温はちょうど地球の海水と同じで、多様な生命が繁殖しています。それではその中の生命体の意識に入ります」

何か見えるが、形はなしていない。

「この生物は大きな生き物の中に住んでいます。共生と呼んでいいでしょうか。血液の中に住んでいます。血液中から栄養は自然に取れますので、そのためにあくせくすることはありません」

「細胞のようなものですか？」

「そうですね」

「共生している大きな生き物はどういうものですか？」

「大型のタコのような生物です。10メートル以上あります。その血液の中に住んで、外界から入ってくる外敵からこの生物を守る役割を担っています」

「白血球のような細胞ですね」

「役割は似ていますが、構造はまったく異なります。この小さな生き物たちは、この役割を担うことが喜びなのです。自分たちにとっての母体である大きな生物に貢献できていることが喜びなのです。彼らにとってみれば、この大きな生き物は人類にとっての地球のような存在です。大きさやそれが何なのか、把握できているわけではありません。でもその恩恵を受けていることはよくわかっています。だから、その恩恵に報いることは、とてもうれしいのです。これは人類が忘れてしまったことです」

「そうですね。何かとても大切なことを忘れてしまったような気がします」

「それを思い出すためにも、彼らのことを知ることは意義があります。彼らの意識は互いにつながっていて、一緒に行動します。外敵が入ってくると、そこにみな集まっていき、それをやっつけます。

その際、死んでしまうものもいます。でも死んでも、まだ意識はつながっていて、すぐに生まれ変わってきます。宿主である大きな生き物が死ねば、全員死ぬわけですが、また、別の宿主の中に生まれます。彼らは集団として生きています。いっしょにこの大きな生物、彼らの母なる存在の恩恵に報いることが喜びです。彼らはあなたのＩ／Ｔｈｅｒｅクラスターのメンバーです。

ご存知のようにＭ87からあちこちの銀河へ探索へ出たわけですが、ここへも来ているのです。Ｍ87にはさまざまな環境で生きるためのあらゆる生物の基本形があります。地球のような環境で生きるための生物から、硫化水素中で生きるもの、前にあなたも体験していますが、溶岩そのものとして生きる生命体とか、あるいは電子自体も生命です。彼らは集団として行動したり、個として現れたりします。量子力学で少しわかりかけてきていますが、個と集団の関係について、これまでの考え方を改める必要がありますね」

ナレーションがポータルルームへ戻るように言っている。

「ポータルルームを思い出すだけで戻れますよ」

従うことにする。ポータルルーム内の様子を思い出す。

忘れないうちに記録をとることにする。

同日11：10より——ホルスの杖

スターラインズⅡの「2度目のポータルルーム」を聴く。東向きに座る。ホルスの杖を初めて使う。右手に銅の棒、左手に亜鉛の棒を握る。肘掛に手を載せて手首を立て、筒を垂直にするように持つ（本当は水平にすべきだが、勘違いしていた）。

このホルスの杖はIさんからお借りしたものだ。ホルスの杖とはそもそも何かをお話しする前に、どうして借りることになったか、その経緯からお話ししたい。

２００９年12月に船井ヒューマンカレッジで講演する機会があった。講演前に会食会があり、同席されていたIさんに初めてお目にかかった。彼は、船井幸雄氏が「聖書の暗号」に関連した人物として紹介されている人である。お会いするなり、ホルスの杖をお貸しするから、ピラミッドの実験に使ってもらえないか、とのことだった。

Iさんから渡された資料（『謎の古代中国神仙文明（ムー・スーパー・ミステリー・ブックス）』の一部のコピー）によれば、ホルスの杖とは、古代エジプトで使われていた２本１組になった円筒である。１本は亜鉛、もう１本は銅で、内部は空洞になっている。ペピ２世のものは長さが１４７ミリである。

この本からとると、

「モスクワの大統領府医療センターとサンクト・ペテルブルク市立がんセンターで、ホルスの杖を用いたさまざまな臨床実験が行われた。

この臨床実験により、ホルスの杖は、狭心症、虚血性心臓疾患、動脈硬化、高血圧症、低血圧症、気管支喘息、関節炎、骨軟骨症、神経根炎、神経衰弱、不眠症、心身症などの治療において、すぐれた医療効果を発揮することが確認された。また、がん患者がホルスの杖を毎日２時間ずつ握ったところ、１か月後には腫瘍が明らかに縮小していたのである」

さらに、

「ホルスの杖とピラミッドを併用すると、その医療効果は倍増どころか、ケタ外れに増大することが明らかになったのである」

ということである。さらに、ペピ２世のホルスの杖の長さが１４７ミリなのは、大ピラミッドの高さ１４７メートルに合わせたのではないか、と推測している。

この本によると、ロシアの研究者たちは、ピラミッドもホルスの杖も「陰」と「陽」のエネルギーを調和させる働きがあることを明らかにしたという。そして人体は陰陽の微妙なバランスによって成り立っており、そのバランスが崩れると病気になるので、それを修復する働きがあるという。

お借りしたホルスの杖とは、正式にはハイテツ・ＥＪという名前の商品で、沖縄の比嘉良徹氏が作成したものである。全長１４７・６ミリの銅と亜鉛の２本の筒で、それぞれの中央部に水晶の球体が内蔵されている。このハイテツ・ＥＪに付いてきた説明書によると、銅と亜鉛の筒は水平にして握り、そのまま2時間ぐらい持つということだ。

銅と亜鉛のイオン化傾向の差が、右手と左手の間に微弱な電位差を生み出すということを使っているのではないかと、個人的には考えている。

アファメーションの後、トートのアシスタントのガイドと会話。ホルスの杖について尋ねる。

「ホルスの杖は健康増進に大きな効果がある。これはあなたも知っている陰陽のバランスをとる効果があるのだ。生命エネルギーには陰陽の成分がある。

ホルスの杖は、第1チャクラから第3チャクラぐらいまでが関係する」

どちらかというと生命エネルギーの物質界での力と関係するような印象だ。生命力とか。

「ホルスの杖はあなたの肉体のイオンとケミカルのバランスをとる。あなたが直観したように、銅と亜鉛はイオン化傾向に違いがある。この差が、それぞれの手に持つことで、体内のイオンとケミカルの絶妙なバランスを維持する効果がある」

「イオン化傾向の差によって生じる電位差はごくわずかだと思うのですが」

「人体というのは、絶妙のバランスの上に成り立っている。ごくわずかの電位差でも、そのバランスを保つのに大きな効果がある。

あなたが直感的に把握しているように、**生命エネルギーの陰陽は、物質界では電磁場の電場と磁場に相当する。生命エネルギーは電磁場を非物質界に拡張した概念だ。高次のものを5次元に下ろしたものが、アストラル界における電磁場、さらに4次元時空（3次元空間）に下ろしたものが、通常の電磁場だ。**非物質である生命エネルギーは5次元では電場、磁場に相当するものがあり、それが互いに互いを生み出す。ちょうどこの4次元時空で磁場と電場が互いに相手を生み出すのと同じだ。

地球コアから体内へらせん状に伸びる2本の管をイメージしてほしい。2匹のへびのように絡み合って昇ってきていると考えてもいい。それが体内を昇っていく。これが陰陽のエネルギーだ。これは5次元のエネルギー場であり、アストラル体内を昇っていく。それぞれの手に杖を持つことで、それぞれ流れがうまくバランスされるのだ。

人体は小宇宙だ。さまざまな要素が絶妙なバランスを作り出している」

F27の水晶に着いた。なんだか、この水晶がそのまま自分のハートのような感覚がある。

スリングショットでF34／35のV8へ。

ここの結晶は、自分の松果体のような感覚がある。

ここからF42へ向かう。自分のまわりの白いピラミッドがそのままV8になっていっしょに上へ上がっていくような感じだ。暗い宇宙空間へ来た。

ナレーションに従いポータルルームへ。広いスペースへ来た。

ホルスの杖をこのまま垂直に保持するのも大変だなと思っていると、

「股《もも》の上に手を置いてもいいですよ。ホルスの杖は肉体のバランスを整えるのに役立ちます。もちろん、肉体がバランスされることで、意識を上へ持っていくことがやりやすくなります。だから、それを持ったままでいいです」

手を股の上に置く。こっちのほうがリラックスは深まりやすい。垂直に保持するのは、眠らないという効果はあるが、若干リラックスしにくいという問題はある。

「今回もI/Thereクラスターのメンバーを体験させてください」

「アトランティス時代のヘルメス/トートのアシスタントだった自分を体験されてはどうでしょうか」

「はい、そうします」

「アトランティスの全盛期です。2万5000年ほど前です。物質文明としての全盛期はもう少し後ですが、この時代、人々の意識は高く、すべての人が調和の元に暮らしていました。エジプトのピラミッドの倍ほどの大きさのピラミッドがありました。あなたは国王であり、神官でもありました。エジプトのファラオは本来そういう存在でした。あなたはみなの信頼を得ていました。ピラミッドで18万ヘルツまで導くことも行なっていました。

あなたはヘルメス／トートのアシスタントでした。あなたにはヘルメス／トートの姿が光の存在として見えていました。交信をすることもできました。あなたはヘルメス／トートの導きの下、人々を導いていました」

ナレーションが体験の中へどっぷりつかるように言っている。この人物の意識を感じてみる。白い大理石でできた神殿にいる。パルテノン神殿のような柱が何本も見える。遠くまで見えるような開放的なところだ。

彼は、威厳があり、知恵があり、尊敬を受けている。イスのようなものに座ったまま、移動していく。どうやら空中浮遊しているようだ。

「当時はこういうことができる人がいました。それほど不思議なことではありませんでした」

彼は金の王冠をかぶっている。上方に向かって広がった形をしている。顔の一部にも金の飾りがかかっている。胸のあたりにも金の覆いがある。王妃がいる。同じように金のかざりの服を着ている。トレーナーのももさんか？

白い光は大切だが、金も重要なようだ。どうも純白に輝く光のイメージを表すために、金を使っているようだ。

この時代は非常にいい時代で、ポジティヴで、なんら問題もなく、治世を終えたとのことだ。

帰還。

2010年1月16日（土）バシャールとの交信コース

今日のバシャール・コースでは久しぶりにYさんに会った。朝、出会うなり彼女は、「マスはね、アトランティスで神官のような存在をしてて、白い服を着て金色の腕輪をはめ、オリーブの輪を頭につけていたのよ」と言った。私に確認するといいと言われたそうだ。

昨日体験した内容とよく一致するので驚いた。

2010年1月18日（月）10：00より

薄茶色のイス、松果体が3分の1の高さ、東向き、ホルスの杖を股の上で持つ。スターラインズⅡの「新地球コア」を聴く。

集中できなかった。意識が飛ぶ。

同日10：50より――Null Point（ナル・ポイント）

スターラインズⅡの「2度目のポータルルーム」を聴く。ホルスの杖は持たない。さっきは目的をはっきりさせなかったので、集中できなかった。今回は、自分のクラスター・メンバーを体験することを目的とする。

アファメーション、例によって3人のガイドとディアナ、ラッシェルモアの導きと手助け、守護をお願いする。

レゾナント・チューニング。低い声で視点を第1チャクラからさらに下げて地球の内部深くへと向ける。少し声を上げる。この音程はハートチャクラに合っていそうなので、意識をハートチャクラへ向ける。さらに声を上げ、眉間からさらにてっぺん、さらに上へと意識を向けていく。

F27の水晶、ハートに意識を向ける。優しい。

F34／35でV8へ。なぜかコントロールルーム（操縦室）に来た。いつもの部屋へ。透明な光のエネルギーの球になって昇っていく感じだ。

F42へ着く。乳白色のロビーへ来た。ヘルパーにポータルルームへ連れていってくれるようにお願いする。

「何度も行かれてるので問題ないと思いますよ」

「よく見えないのでわからないんだけど」

移動する。広い部屋へ着く。

「ディアナが来ますよ」

と、ヘルパーが言った。何やら車イスに乗ったような姿の存在たちが4、5人こちらへ向かって来るのが見える。そんなはずはないと目をこらすが、確かに車イスのようなものに乗っているのだ。

「いっしょに行きましょう」

ディアナがそう言った。

私はこちらに向かって来る彼女の車イスにそのまま抱きつくような格好になった。そのため、今度は後ろ向きに進んでいくことになった。

「視点を前方へ切り替えてください」

ディアナにそう言われ、指示に従う。前方には動く歩道のようなものがある。その上を進んでいく。

次第にトンネルの中に入った。その中を進んでいく。

暗い空間に来た。ここで止まった。

ここで電話が鳴った。家内からだ。電話に出る。医者の予約が3時からでいいかと聞いてきた。OKといい、ヘッドフォンを付け、意識を戻す。

まだ真っ暗な空間にいるのがわかった。

「何が把握できますか?」

よくわからない。真っ暗だ。何もない。何も把握できない。

「**ここはあなたの心の奥深くにあるポイントです。モンローがナル・ポイント(Null Point)と呼んだところです。すべての人の心の奥底にあります。**それはみなつながっています」

そう言えば、ナル・ポイントという言葉がモンローの本に出てきた。でもよく理解できなかった。

「**ここは大いなるすべてへの入口です**。**ここのキーがわかれば、ここが開き、大いなるすべてとつながります**。それはハートを開くことでもあるのです。ここの感覚を覚えておいてください」

真っ暗で何もない。そういう点ではフォーカス15か、35にも似ている。

「ここはフォーカス的にはどこですか？」

「**フォーカスという概念には乗りません**。フォーカス15からも行けます。フォーカス35からも行けます」

そう言えば、前に「源」に行ったときに、交信をしないでいると、真っ暗で何もない空間だった。

「スターゲイトの先をずっと行ったところにある源とは違うのですか？」

「同じです。あなたはそういうふうに高いフォーカスレベルに大いなるすべてがあるというとらえ方をしますが、それも正しいのですが、フォーカスを超えた、それには乗らない状態というふうにとらえることもできます。いろいろなフォーカスレベルからアクセスできるのです」

「フォーカス15から大いなるすべてにつながることができると言われていますが」

「それも可能です。すべての人が大いなるすべてとつながってはいます。でもほとんどの人のつながりは細いのです。あなたはハートの詰まりがあると言われるのは、このつながりがまだ細いからです。それはあなたがそういう信念を持っているからです。この物質界で生きてくる間に身に付けた信念です。そう自分で信じているのです。バシャールが言ってたことはある意味本当です。

ここは大いなるすべての入り口ですが、大いなるすべて自体でもあるのです。キーがわかって、それが開けばわかります」

「キーは何ですか」

「**ここで、ある声を発することです**。**そうすれば開きます**。あなたがこれまでやってきたことはすべてここを開く効果があります。ただ、キーは、さらに効果があります。実はこういうことは古代には秘密でした。まず**ナル・ポイント**があること、これは修業を相当積んである段階まで来て、初めて明かされる秘儀でした。あなたにこれを教えるというのは、あなたがそれ相当のことをここまでしてきたからです。その段階に達したのです。

さらに、キーについての知恵、つまり、ここへきて、ある声を発すればいいということは、秘儀中の秘儀でした。でも、今ではオープンにしてかまいません。本に書いてください。多くの人がそれを知り、実行すればいいのです」

「どういう声ですか？」

「それはご自身で実験してください。これまでにもいろいろと言われてきています」

・・・

オウムという声を思い出す。実際に声を出してみる。よくわからない。

アー、イー、ウー、エー、オー、と発声する。

メタミュージックのタッチング・グレースの表紙の絵を思い出した。

しばらくいろいろ声を試してみる。何か、三角形がうっすらと見える。これは何の意味があるのだろうか。

ここで記録を取り始める。

今思い出したが、何かの本にこれと同じようなことが書かれていた。キーは声だと。

ここで**ナル・ポイント**について補足したい。英語の**Ｎｕｌｌ**という言葉は、「ない、存在しない、零の、空の」という意味である。

ナル・ポイントは、モンローの『魂の体外旅行』（日本教文社）のP408と409に出てくる。同書では「零地点」と訳されている。モンローの説明によれば、**Ｎｕｌｌ Ｐｏｉｎｔ**は死後世界の中の信念体系領域の中心部にある。２つのエネルギー場、つまり、ＨＴＳＩ（Human Time-Space Illusion 人間界の時空間イルージョン）とＮＰＲ(Nonphysical Reality 非物質界)の存在によって生成されている。ＨＴＳＩは物質界に向かうほど強くなる。それに対して、ＮＰＲは物質界から離れるほど強くなる。この２つのエネルギー場は相互作用しないが、互いに重なりあっている。

モンローのここの説明はわかりにくいが、両者の影響が同じぐらいになるところに、ナル・

ポイントがあるということらしい。信念体系領域の中央ということだから、フォーカス25あたりということになる。

ただ、ディアナの説明はそれとは異なる。フォーカスの概念に乗らない状態で、いろいろなフォーカス・レベルからアクセスできるとのことだ。

同日12：15より――発声実験

スターラインズⅡの「2度目のポータルルーム」を聴く。先ほどと同じ条件、ホルスの杖は持たない。


アファメーションとレゾナント・チューニングは先ほどと同じ形式で行なう。

自分のまわりにアクアヴィジョンのロゴと同じ形の立体がうっすらと見える。しばらくすると、底面が三角形のピラミッド（正四面体）に変わった（下向きのピラミッドの部分はなくなった）。

F25ぐらいでディアナが話しかけてきた。

「ナル・ポイントへはどこからでも行かれますよ。ここから行きましょう」

一緒に行くことにする。

「はい、着きました」

さっそく、声を出す実験を開始する。アーから順に母音を発生。音程も変えてみる。

特に何も変わらないようだ。ウーと言っていると、ちょっと夢を見たのか、姉が出てきた。それから別の人が現れる。何か、関連するのか。

さらにいろいろ声を変えてみる。

バックの効果音がＦ42へ上っていく。そちらのほうに意識が向いてしまう。Ｆ42へ自分のエネルギー体が上っていく感覚がある。ポータルルームへ。

そこから再度、ナル・ポイントに向かう。またトンネルのような中を移動する。

「Ｆ42から行く場合は、このトンネルを通るのです。今、着きました」

真っ暗な空間だ。ここでまた実験をする。

ディアナが、「家に帰って調べてみたら」、と言ってるような気がする。発する声についてのヒントが得られそうだ。

帰還。

終了後、帰るときに胸に何かがつっかえているような感覚があった。ハートにエネルギーが流れて、詰まりを動かそうとしているのか。

般若心経

2010年1月19日（火）、今日は共同研究機関で定例ミーティングがあり、ヘミシンクはできなかった。

　ハートを開く声についてネットで調べる。「マントラ、ハート、開く」で検索。あるサイトでは、ハートを開くマントラとして、ファの音の「ヤーム」とある。

　また、チベットの倍音声明《しょうみょう》として、N《ン》、I《イ》、E《エ》、A《ア》、O《オ》、U《ウ》、M《ム》があり、それぞれが上からのチャクラに対応している。ハートはアが対応。

　さらに、YouTubeでTibet Chantで検索する。いろいろな映像が見れる。これで実際の声を聞くことができる。その中にHeart Sutra(ハート経)というタイトルのついたものがあった。般若心経のことである。般若心経がハートについてのお経だとはこれまで気がつかなかった。

　そこで般若心経で検索する。すると、なんと、**般若心経は元々、真言《マントラ》を伝授するための経だとある。その真言とは、**

掲諦　掲諦　波羅掲諦　波羅僧掲諦　菩提　薩婆賀
Gate　gate　paragate　parasamgate　bodhi　svaha
ガテー　ガテー　パーラガテー　パーラサンガテー　ボーディ　スヴァーハー

　この意味については諸説ある。また、意味は重要ではなく、音韻が大切という人もいれば、深い意味を理解して唱えることこそ重要だという人もいる。

この真言は釈迦の十大弟子のひとりで、智慧第一と称されたシャーリプトラ（舎利子）が、観自在菩薩（観音菩薩）から授かったものである。これは「智慧の完成」の真言であり、大いなる悟りの真言だという。ここで智慧とは「空」を理解する智慧だという。

２０１０年１月20日（水）９：30より——ナル・ポイントは空

薄茶色のイス、松果体が３分の１の高さ。ホルスの杖使わない。東向き。スターラインズⅡの「２度目のポータルルーム」を聴く。


集中を維持するのが難しい。すぐに眠りのほうへ向かってしまう。

なんとかＦ42へ。ポータルルームへ。ディアナに来てもらう。

「ナル・ポイントへ行きたいのですが」

「今回はお連れしましょう。でも次回からは自分で行ってください。そこの感じを覚えれば行けます」

「はい、着きました」

昨日のようにトンネルを通ることはなかった。

「一度覚えると、一瞬で行けます。まずここの感じをしっかりと把握してください」

バックのナレーションがちょうど、ポータルルーム内でシフトナウと言うと、その状態へ全身で入っていくようなことを言ってる。それに合わせて、このナル・ポイントに入る。

真っ暗で何もない。どこまでも暗い空間が続いている感じだ。

「ここは空と同じですか？」

「はい、ここは仏教でいうところの空です。いろいろな宗教、教えで目標とされてきた状態です。でも、ここが重要なのは、ここが大いなるすべてへの入口だからです。キーを唱えることで、ここがそのまま大いなるすべてになると言ってもいいでしょう」

「キーは何ですか？」

「実験してみてください」

アーと言ってみる。よくわからない。次いで、他の母音を試す。さらに、ヤーム。

「ガテー、ガテー、パーラガテー」と言う。母音の音程を変えて言ってみる。正信偈《しょうしんげ》ふうに声を出して声明する。よくわからない。（「正信念仏偈《しょうしんねんぶつげ》〈正信念佛偈〉」は、親鸞の著書『教行信証』の「行巻」の末尾に所収の偈文。一般には略して「正信偈《しょうしんげ》」の名で親しまれている。真宗の要義大綱を七言60行１２０句の偈文にまとめたもの／ウィキペディアより：編集部註）

「キーの声の振動数が大いなるすべての振動数に合致すると、ドアが開くのです」

そうか。つまり、振動数が一致すればいいのだ。

ここでナル・ポイントは仏教で言うところの「空」だということがわかった。本書では以降、ナル・ポイント（空）という表記を使うことにしたい。

ここが大いなるすべての入り口で、ここでキーになる声を出し、声の振動数が大いなるすべての振動数と一致すれば、ドアが開くということだ。

同日10：25より

スターラインズⅡの「2度目のポータルルーム」を聴く。

振動数を合わせるといっても、大いなるすべての振動数は相当高いのだから、それに直接合わせるというよりも、オクターヴが違ってもいいはず。だから、ドから上のドまで1オクターヴ試せばいいのではないのか。

前回同様、ゆっくりとそれぞれのフォーカスを確かめながら、F42へ。ポータルルームへ行く。そこからナル・ポイント（空）へ。真っ暗な空間を思い出すことで行く。

真っ暗な空間に来た。

さっそく、ドー、レー、ミー、ファー、ソー、ラー、シー、ドーと声を出す。上のドーは高すぎて出ない。効果はよくわからない。

今度はアーで音階を変えていく。ハートに意識を向け、背筋を伸ばして唱える。効果はやはりわからない。

しばらくいろいろ試し、ナレーションに従い、V8へ。

V8内のバーカウンターのあるところへ行く。カウンターがカーブしている。前にも何度も来たことがある。

ハムサンドが出てきた。それからグラスに入ったジュース。飲み干す。

帰還。


後で気が付いたのだが、ドとレの間にある半音とか、細かい差の音は試していなかった。こういう音も試さないといけないのか。

同日11：20より

スターラインズⅡの「2度目のポータルルーム」を聴く。台座を敷く。ハートが3分の1の高さ。


F42へ。ポータルルームへ。ナル・ポイント（空）を思い、そこへ向かう。

また声での実験。今度はアーと言いながら、少しずつ音階を上げていく。ドとレの間をなめらかにつないでいく。その上も同じ。効果はわからない。

やりながら思ったのは、声を出すということに意識を集中することで、私はともすれば考えることに意識を向けがちなのを、つまり知識偏重になりがちなのを止める役目があるのか。それをさせようとしてる？

ところどころウトウトした。意識の集中を保つのが難しい。

帰りに、V８へ寄り、さっきのバーカウンターへ行く。

「効果がよくわからないんですけど、何かいいアイデアはありますか?」

答えははっきりしなかった。

２０１０年１月21日（木）９：40より

朝方に雨。今は曇り。暖か。松果体が３分の１、ホルスの杖は使わない、イスは東向き。

スターラインズⅡの「２度目のポータルルーム」を聴く。

Ｆ42でポータルルームへ。強烈な眠気があり、集中が難しい。ナル・ポイント（空）へ。

声を出すことで意識をキープする。景色が見えてきた。

「これは幻影です。あなたの意識が生み出したものです」

誰かにそう言われる。

まず母音系を試す。

次に「ガテー、ガテー……」を試す。よくわからない。

同日10：35より——観音菩薩

スターラインズⅡの「２度目のポータルルーム」を聴く。今度は南向きに座る。ホルスの杖を股《もも》の上で握る。

アファメーションで、３人のガイド、ディアナ、ラッシェルモアの導き、手助け、守護をお願いする。

レゾナント・チューニング、下からに順にM、U、O、A、E、I、Nと発声する。

ガイドと交信開始。

「どなたか適切なガイドさんと交信したいです」

「それでは、私がお相手しよう」

トートの弟子だった自分だ。

「そろそろ名前を決めないといけないですね」

「そのうちわかるときが来る。あなたはいろいろ聞きたいことがあるだろう」

「はい、ディアナは観音菩薩ですか？」

「それについては彼女に直接聞くのがいいだろう」

「じゃ、声を出すといってもどうすればいいのか、よくわからないのですが。何かコツはありますか」

「**声に全身全霊を込めること。全身に響かせる。体の中心を走るエネルギー管が笛になったようにしてそれを震わせるのだ**」

やってみる。

「そう、そんな感じだ」

F35へ。なんだかI／Thereに来てしまったのか、スタジアムに人が大勢いる。ここからF42へ。

「それじゃ、ここで失礼するよ。ここから上はディアナたちのほうがコンタクトしやすくなるから」

F42へ着く。大きなホールに来た。ヘルパーにポータルルームへ連れて行ってもらう。

「ディアナが来られますよ」

しばらく移動し、ホールの一角へ来た。ここで待つ。

ディアナが現れた。姿ははっきりしないが、わかる。

「いろいろ聞きたいことがありますよね」

「はい。まず、あなたは観音菩薩ですか？」

「観音菩薩は初めは男性というイメージでした。その当時は我々クラスター・カウンシルにアクセスできた者たちが、我々の中にあるそういう要素から、1つのイメージを生み出しました。ご存知のようにクラスター・カウンシルは集合意識でもあります。個別化もできますが、集合体としても存在します。

その中にはさまざまな要素を含んでいます。それをある特定のパターンとして表現すると、私のような存在として現れることができます。これは人々との相互作用でもあるのです。人々がある要素をとらえて擬人化するとき、こちらもそれに応えて、その姿としての個別化を行なうのです。

そして、人間の側で観音菩薩に対するイメージが中性的な存在になり、さらに女性的な存在へと変化していきました。それは、人々がこちらにある女性的な存在パターンを認知するようになったからです。

それは他の社会では、たとえばローマでディアナとして把握されていた存在です（地域ごとに呼び名は異なる）。その結果、観音菩薩は、他の社会で女性の存在として把握されていた私（ディアナ）と同じものになったのです。観音と呼ばれる前には古代イランでアナーヒタとして把握されていました」

この会話の途中でバックでは、ナレーションが「ポータルルームの効果で自分の好きな時空のポイントへ行くように」と言ってる。

ディアナは、以上のことを言いながら同時に「ナル・ポイント（空）へ行くように」とも言った。さらに続けて、

「**般若心経に現れる観音菩薩は私です**。シャーリプトラ（舎利子）という人に真言を与えました。ちょうどあなたに教えているのと同じです。**あの言葉を唱えることで、意識の振動数が合致するようになるのです。何度も繰り返し唱えることで、次第にその振動数になるのです。古代のインド語ですが、日本語のカタカナでもかまいません。あなたは同じ言葉を唱える必要はありません。もっと自分に合ったものを探してください**。

先ほど、トートの弟子だったガイドが言ってましたが、**声を全身に響かせます。そうす**

ることであなたの振動数が声の振動数になるのです」

実際に声を出す。言われたとおりにオーと響かせながら発声する。

「そうです。そういうふうに響かせます」

ついでアー、イー、……母音をひとつずつ発生する。

「**ノイズキャンセリング・ヘッドフォンはやめたほうがいいでしょう。自分の声が聞こえないので。自分の声を聞くことが大切です**」

ノイズキャンセリング・ヘッドフォンを使っているのだが、確かに自分の声が響くのがわかりづらいところはある。

次回からは普通のヘッドフォンにしよう。

「ホルスの杖はどうですか?」

「ホルスの杖はもう少し肉体次元での効果が期待できるものです。今回のことには特に効果はありません」

帰還。

ホルスの杖を握っていると、どうも手がぴりぴりする。電気的化学的な効果だろうか。

ディアナが観音菩薩だったとは驚きだった。でも、当然と言えば当然だ。あのレベルの存在は世界的にさまざまな民族で、さまざまな呼び名で呼ばれているのだ。最初に彼女と交信したときに、そう言っていた。日本でも……姫と呼ばれていると(……の部分は私の知識にないので把握できないとのこと)。

それから、あの高名なシャーリプトラ(舎利子)に真言を授けたのと同じことをしてくれているということ。釈迦の高弟の中でも特に有名な人だ。彼が受け取った真言から般若心経が生まれたのだ。

声を全身に響かせる

家に帰って、山川健一さんの新刊『神をさがす旅　ユタ神様とへミシンク』(アメーバブックス新社)を読んでいてびっくりした。レゾナント・チューニングの説明のくだりで、彼は声で、全身を振動させると言う。この本からとる。


「日本人は(特に女性は)、普段は胸式呼吸をしている。これではダメなので、腹式呼吸で「歓喜の歌」とか「カエルの歌」などを歌い、最後のフレーズを歌い終えたらキーを上げて転調してまた最初から歌う。ぼくが最初からへミシンクでちゃんと飛べたのは、十代の頃からこの発声練習を欠かさなかったせいかもしれない。

イメージとしては、自分をアコースティックのギターやチェンバロのボディにして、喉から出る声を体全体に響かせることが大事だ。「アー」と出している声がお腹や胸ではもちろん、指の先まで振動していなければならない」

2010年1月22日（金）9：20より

松果体が下から3分の1の高さ。イスは南向き。ホルスの杖なし。初めて通常のヘッドフォン（オーディオテクニカ）を使う。スターラインズⅡの「2度目のポータルルーム」を聴く。

今回の目的は、ナル・ポイント（空）で声を出す練習。特にできるだけ声を全身に響かせる。

アファメーション。例によって3人のガイドと2人のクラスター・カウンシル・メンバーの導きと手助け、守護をお願いする。

レゾナント・チューニング、下のチャクラから順に意識を向けながら、M、U、O、A、E、I、Nと声を出す。

F42へ。ポータルルームへ。ディアナ・観音菩薩と会話を開始する。

「大いなるすべてとつながる前に自分の持っているさまざまな信念とかを落としていく必要があるんじゃないでしょうか。それらが振動数を下げる働きをするので、それらがあると振動数が高くならないと思うのですが」

「はい。そうですが、**ナル・ポイント（空）で声を出すことには、大いなるすべてがあなたの振動数を引き上げる作用もあります**。ちょうどブラックホールのように、その中へ引き寄せる力があるのです。

それからあなたがここまで来て、この秘儀を教わったということは、あなたの準備ができたということでもあるのです。

後は、声を出すことで、振動数を高め、合致させるだけです。ナル・ポイント（空）へは自分で行けますよね」

ナル・ポイント（空）へ移動。

母音の声を出す。アー。喉から下を響かせようとする。いろいろ試す。

と、家内から電話だ。ちょっと数分電話した。

もう一度、ナル・ポイント（空）へ行こうとするが、よくわからなくなった。CDを戻し、F27からやり直す。

F42へ着く。「あなたはナル・ポイント（空）にいますよ」とヘルパーに言われる。

ディアナも、「ナル・ポイント（空）にまだいますから、そちらへ意識を向けてください」と言う。

ナル・ポイント（空）へ着く。

「ここは仏教で言う空ですよね」

「そうです。空で言われていることすべてをあなたはここで体感できるはずです。できないのは、あなたの知覚が限られているからです。

ここは、この宇宙の外にあります。だから、これまで体験してきた世界のすべてが幻想だという感覚を持つのです」

「スターゲイトを超えた先で、この宇宙から出たという場へ行ったことがありますが、そこですか?」

「ここは、すべての宇宙の外にあります」

「ということは、源と同じですか?」

「はい、大いなるすべてとは源です。ただ、**ここナル・ポイント(空)は大いなるすべてとは薄皮一枚離れています。その薄皮を開けるのが、鍵となる声、真言です**」

「そうですか。それでは実験します」

また、アー、オーと声を出す。できるだけ自分を振動させるようにするが、そういうことをこれまでやってきていないので、なかなかコツがわからない。あまり大きな声を出すと、上の階に聞こえてもまずいな、と思ってしまう。でも、声に集中することが必要らしい。

しばらく、あれこれ試す。正信偈ふうに声を出してみる。ただ、正信偈のとおりに唱えるのではなく、オーとかアーとかムーという声で唱える。

帰還。

同日10:45より

同上。スターラインズⅡの「2度目のポータルルーム」を聴く。

F42へ。さらにポータルルームへ。今回はディアナは来ないとのこと。ナル・ポイント（空）へ。

そこでひたすら声を出す。できるだけ喉から下の管が響くようにする。

さらに、正信偈を言葉にはしないで、母音に変えて唱える。これをけっこう長くやった。

帰りにF27の水晶へ。

このピラミッドの中がそのまま水晶の中であるかのような感じがした。ここがそのままで大いなるすべてなのか。

2010年1月23日（土）、24日（日）F27コース

行き帰りの車の中で、発声練習をする。歌を歌う。

参加者の一人の女性（Sさん）が、元演劇をやっていた人で、発声の仕方を披露してくれた。「声を当てる」という表現を使う。どうもそちらへ向けて声を出すという意味のようだ。普通の人は大きな声を出すと、左右のあごの下と首の付け根の部分の筋肉が緊張するが、そこを緩める。もっとお腹から声を出す。

演劇をやってる人は、退行催眠をまずやるとのこと。そうやってすべて出し切る（トラウマのようなもの？）。そうしないと舞台で緊張したときに、それが出てくる。演劇をやってる人には、幽霊とかいろいろ見える人が多いとのことだ。

今回2日間の車の往復で大きな声を出してみてわかったことは、胸骨のあたりが肉体的に

も固まっていて、それが声を出すことで少し動き始めたような感じがしたこと。

エネルギー体レベルでどうのこうの言う前に、肉体レベルでもハートのあたりはけっこう固まっているようだ。肉体の他の部分は運動をして結構柔らかくすることができるが、胸のこの部分は通常の運動ではほぐしにくいようだ。

過去のいろいろな問題は、けっこう肉体レベルでしこりという形で保たれている可能性がある。ハートの詰まりというのも、まずは肉体レベルでほぐすことが必要なのかもしれない。

発声練習はそういう意味で重要そうだ。今後も続けたい。


２０１０年１月25日（月）11：50より

松果体が３分の１の高さ。南向き。通常ヘッドフォン。ホルスの杖なし。スターラインズⅡの「２度目のポータルルーム」を聴く。


Ｆ42でポータルルームへ、さらにナル・ポイント（空）へ行く。発声練習開始。母音で、いろいろな音階を試みる。さらに正信偈ふうの声。

Ｃ１までこれを続ける。効果はよくわからない。

同日12：50より――ムー時代の生

スターラインズⅡの「２度目のポータルルーム」を聴く。

このセッションでは、ムー時代の自分について尋ねることにする。レゾナント・チューニングの後から、トートのアシスタントをやっていたガイドと交信する。今やってることでいいのか確認する。

「正しい方向へ進んでいる。あと少しのところまで来た。若干誤解しているところもあるが、それはこのまま進んでいけば、自ずとわかるようになる」

「ムー時代の自分について聞きたいのですが」

「それはディアナに聞くといいだろう」

F42へ。さらにポータルルームへ。

「ディアナに会いたいのですが」

「今来ますよ」

少しして、前方から女性が近寄って来た。中年の女性で普通の薄緑色がかった水色の洋服を着ている。顔が少し変化する。白人のようでも東洋人のようである。そこまでは把握できない。

「いつもいっしょにいますから、姿を現す必要はないのですが、あなたが交信に確信が持てるように現れました」

「どうもありがとう」

「尋ねたいことがあるのですよね」

「はい。アトランティスの前に、つまりムーの時代に私はどういう人生を送ったのでしょうか」

バックグランドのナレーションがこれから自分の好きな時代、場所へ行かれると言ってる。

「今、ちょうどいいタイミングですね。その時代へ行って体験してみてください」

効果音と共に、その時代へ。一瞬寝たのか、気がつくと、

「……へ行かないと」と言っている。自分は少年だ。青い上着を着てる。

我に返った。どこかへ行くところらしい。ヨーロッパの街並みのような石畳の道の両側に、石造りの家が並んでいる。そこを走っていくのか。軽やかだ。

よく見ると家はもっと大きな石で作られているようだ。ヨーロッパの家とはかなり違うようだ。そこまではっきりとは見えない。白い石でできた大きな建物が見えてきた。大きな石を積んだような2段階の建物。上はフラットだ。

「ここはあなたが学んでいるところ、学校です。あなたは神官の卵であり、技術者の卵でもあります。当時は音を使った技術が進んでいて、あなたはそれを学んでいました。そういう集団に属していました。音や声を使って、物を浮遊させたり、移動したり、意識を高めたりできました。

ヘミシンクのような技術もありました。ただ、ヘッドフォンで聞かせるのではなく、壁を使って音を反射させることで右から来た音と、左から来た音を混ぜるということを

やってました。ピラミッドも使っていました。

また、今、音をパラボラアンテナで反射して、飛ばし、別のところにあるパラボラアンテナで受信して、集中させるという技術がありますが、これをさらに進歩させた技術で音を集中させる技術もありました。

あなたはアヌンナキの指導者たちの導きを得ていました。この集団で社会を導いていましたが、あなたは長じるにつれ、技術を指導する何人かの者たちのひとりになりました。

当時、寿命は千年ほどありました」

2010年1月27日(水) 10:15より――ムーの神官

快晴、自宅の書斎。イスに座る、西向き。スターラインズⅡの「2度目のポータルルーム」を聴く。今日はソニー製のインナー・イアフォンを試してみる。

ハート出版との新年会で編集長のFさんが、ソニー製のインナー・イアフォンを使ってるが、これだと小さな声でも全身に振動が伝わると言っていた。骨に響くような声の出し方をすればいいとのこと。体の内部を音が伝わるらしい。

インナー・イアフォンは、低音部が少ないので、いつもより少しシャリシャリ聞こえる。

レゾナント・チューニング。歯を重ねるようにして声を出すと、骨伝導で頭に振動が伝わる。歯の位置を変えて、奥歯や前歯が重なるようにしてみる。響き方が変わる。ただ、頭の中で響く感じで、全身が響くということはない。これではだめだろうか。

Ｆ42でポータルルームへ。ディアナに来てもらう。

左前のイスに初めから女性的な存在がいる感じがある。はっきり見えるわけではない。

ナル・ポイント（空）がまだうまく把握できないので、ナル・ポイント（空）へいっしょに行ってもらう。

真っ暗なところへ来た。

「ここはすべての宇宙の外にある領域です。創造主、大いなるすべてと直結した領域です。ここで鍵になる音を唱えると、鍵が開いて、大いなるすべてへ入ります」

ナル・ポイント（空）を感じてみる。意識を保つのが難しく、ついつい朦朧としてくる。

しばらく、ここにいる。

何もしないでいると眠くなるので、会話に切り替える。

「ムーの時代の自分についてさらに知りたいのですが」

「あなたはムーの時代に3回生きています。最初の生について、お話ししましょうか、それとも、それを体験しますか？」

「両方でお願いします」

「あなたは神官でした。アヌンナキたちと交信して、みなを導く立場にいました。

この時代は、アヌンナキから人類として生まれたばかりで、意識の振動数がまだ高かったので、物質世界で生きることに慣れることが大変なときでした。今とは逆で振動数を下げて、物質界の荒波の中へいかに適応するかが課題でした。みなは物質界で生きることが初めてだったので、わくわくしていました。あなたはみなを物質界へなじませることを試行錯誤しながら行なっていました」

「今と逆のことをやっていたとは、驚きですね」

「ところで、ムーの時代のあなたと言ってもＩ／Ｔｈｅｒｅの一側面という意味です。同時に何人ものあなたが別々の星で生きていることは可能です」

帰還。

同日11：50より――閉じたハート

自宅で布団に横になって、Ｆ15のフリーフロー（Wave Ｖの＃6）を聴く。


横になって聴くのは実に久しぶりだ。スターラインズⅡ以来か。

レゾナント・チューニングのあとから、トートのアシスタントだったガイドと交信。

「**フォーカス15はナル・ポイント（空）ではないが、そこから行くことができる。さらに奥へ入ったところだ**」

Ｆ10からＦ12へ。お腹のあたりから胸へ、さらに頭の上方へと、エネルギー体の自分が広がって抜けていく。

Ｆ12。広がって軽い感じだ。

さらにもう一段上へ上がっていく感覚があってF15へ。真っ暗な空間に来た。宇宙空間に浮かんでいるような感じがある。

静かで何もない。

「ここからさらにハートの奥へ入っていくとナル・ポイント（空）へ着く」

ガイドがさかんに手で私のハートの部分をこじ開けようとしている感覚がある。

「あなたはハートががっちりと閉ざしているので、なかなか開かない。これは子供のときの、さらに幼児のときの、さらには胎内にいたときの体験が原因となっている。過去世の体験が原因となっている部分は少ない。ほとんどが今生での体験だ。あなたは小さい時に、外部の世界に出ることが怖かっただろう。母のもとから離れるのが怖かった。

普通の人は小さいときはもっと無邪気で、そういう恐怖心はないものだ。あとから何らかの体験を通して、そういう恐怖心を持つようになるのだ。

ところが、あなたの場合は、そうではなかった。物心つく前から世の中を恐れていた。外の世界、母親の元から離れた世界へ出るのが怖かったのだ。

それは父親が怖かったことが原因だ。通常、子供は生まれると、父親が最初の外部の存在となる。だから父親が怖いと外部世界も怖いものとなる。

あなたは父親に対する恐怖心が生まれる前からあった。母の胎内にいるときに父親に対して恐怖心を抱いたのだ。これについては以前気がついたことだが、母の持っていた恐怖心をそのまま自分のものとしてしまった。

生まれた後も、恐怖心を持ち続けた。父親はいろいろなことで怒ったからますます恐怖心を募らせることになった」

「どうすれば、解放できるのですか？」

「退行催眠と同じことをやればいい。子供の時、幼児の時、胎内にいたときに戻る」

「何歳から始めればいいですか？」

「15歳はどうか、フォーカス15だし」

「えっ！　そんな理由ですか？　まーいいでしょう」

「それでは、15歳のときに戻りなさい。そのときのことを思い出すように」

「15ですか、何があったっけ」

そういうふうに順に年齢を下げていく。14歳、13歳……1歳、0歳、生まれる前。

体が締め付けられるような窮屈な感じがする。体がこわばっている。緊張しているのか。

ここで何をすればいいのだろうか。

「安心させてやってください」

どうすればいいのか、抱きしめてあげるのか。しばらくいろいろ試すうちに、気がつくと意識が散漫になっていた。よくわからない。

フォーカス15の真っ暗な空間にただよっている。何をどうすればいいのか、さっぱりわからない。

帰還。

今まで非常に高いフォーカス・レベルとかへ行き、さまざまな体験をしてきたが、ハートの詰まりについては何ら効果がなかったということになる。

「そうは言うけど、過去世がらみのことはかなりの分、解放できたよ」

そうガイドが言ってるのが感じられた。

2010年1月28日（木）9：25より

曇り。ハートが3分の1の高さ、南向き、通常のオーディオテクニカのヘッドフォン、ホルスの杖なし。F15（Wave V #6）を聴く。

ずっとボーっとしていた。特になし。

同日10：10より

松果体を3分の1の高さに。スターラインズⅡの「2度目のポータルルーム」を聴く。

レゾナント・チューニング後、トートのアシスタントのガイドと交信する。

「マカバ（自分のまわりにあるエネルギー場）ということを知っているだろう。自分のエネルギー体をピラミッドの形に合わせるようにするといい。下にも下向きのピラミッドがある形で、その中央にいる。アクアヴィジョンのロゴのような形だ。あなたは以前これを感じたことがあった。その中央に自分のハートがあり、ハートの中のクリスタルも同じ形をしているとイメージする」

F27の水晶に着いた。

「F27の水晶と上下ピラミッドになったあなたのエネルギー体、それからハートが重なっているとイメージするといい。そうすることでエネルギー的に一体になる」

効果音が地球コアへ行く音になる。

「自分の上下ピラミッドの形のまま地球コアへ行ってもいいし、時間がなければ、エネルギーの管を第1チャクラから下へ意識のみ移動してもいい」

すぐに効果音がF34／35へシフトする。

そのまま意識を上へシフトさせる。V8内部へ。

「**あなたの上下ピラミッドをV8のエネルギー体と合体させるように。**V8の**水晶とハート、あるいは眉間のクリスタルを合体させるイメージでいい。**そうすることで、あなたのエネルギー体とV8のエネルギー体が振動数的にも同じになり、上のフォーカス・レベルへ上がっていくことができる」

バシャールが宇宙船で移動する場合に、そこに乗っている人は宇宙船の振動数に一致するので、いっしょに移動できるということを言っていた。スターラインズでそれと同じことをすでにやっていたのだ。

Ｖ８の水晶が回転し始め、Ｖ８のエネルギー体と共にＦ42へと向かう。

「意識をＶ８に合わせていないと、取り残されることもあるんだ」

Ｆ42へ。ＳＳＡＸの船内。ヘルパーが「ディアナがお待ちです」と言う。

「今回はディアナのプライベートルームへ行きます」

移動していく。

彼女にもプライベートルームなんかあったんだ。ラッシェルモアはいっしょなのだろうか。そう考えているうちに、ホテルの一室のような空間に来た。

窓があって、外は森が広がっているのだろうか、そういう印象がある。ただ、ここはどちらかというとエネルギー的な場で、何かはっきりとは把握できない。

「ハートを開くように特別なことをしましょう」

何が起こるのだろうか。しばらくじっとしているが、特に何も感じない。

「特に何も感じないのですが」

「あなたは何も感じなくても、エネルギーを注入していますので、効果は出てきますよ」

そうだったんだ。それならＯＫ。そのままじっとしている。

帰還の指示が来た。Ｖ８へ戻ることにする。

帰還。

２０１０年１月29日（金）９：30

曇り、松果体が３分の１の高さ、南向き、オーディオテクニカのヘッドフォン、ホルスの杖なし。スターラインズⅡの「２度目のポータルルーム」を聴く。


あらかじめ質問事項を決めておく。ムーの前は？

ハートを開くには？

眠気が強く、意識の集中を保つのが難しかった。

同日10：25より

スターラインズⅡの「２度目のポータルルーム」を聴く。


今回は発声練習をすることにする。レゾナント・チューニングの後、ガイドと交信。今回はネイティヴ・アメリカンの酋長が出てきた。

「大地との一体感、自然のあらゆるものが自分と同根であることを直感するのだ。そうすれば、自然の大きな力と躍動感をそのまま自分のこととして感じられる。何物にもとらわれない自由。でも自然と一体であることからの安心感がある」

Ｆ27の水晶へ。

女性の声で、

「ここは私の出番ね。優しさと癒しのエネルギーを表現しているのが私。この水晶のように。無条件の受容と言ってもいいかしら」

地球コアを経由して、F35へ。V8のエネルギーに合体する。

「ここでは私たちはI／Thereのほうにいるので、普段はV8の中までには入らないことにしています」

そうガイドたちが言った。

淡い金色の光の塊となってF42へ上がっていく。

F42で、気がつくとディアナのプライベートルームへ来た。

大きな窓、またはスクリーンが部屋の片面に広がっている。床には薄いピンク色のカーペットが敷かれているのか。柔らかな印象だ。

「昨日の続きをしましょう。ハートにエネルギーを注入します。潤滑油のようなものです。ハートを緩める効果がありますよ」

よくわからないが、そのままじっとしている。

このままでいるのも退屈なので、赤ん坊の時の自分に戻ることにする。ちょうどポータルルームでシフトナウとやるところだ。

赤ん坊のときへ。よくわからない。しばらくボーっとしている。父親に対する恐怖心と怒りは、感情的なもので、頭で理性でそう考えているわけではない。感情的なものを解放する必要がある。

何をどうしたらいいのかわからない。ディアナがやってくれていることが効果を発揮することを期待するしかない。

帰還。

２０１０年1月31日（日）11：05より

快晴。台座、南向き。スターラインズⅡの「2度目のポータルルーム」を聴く。

レゾナント・チューニングで気が付いたのだが、ヘッドフォンなしでやると、自分の声がよく聞こえてやりやすい。オープンエアータイプのヘッドフォンも試してみる必要がありそうだ。

その後、非常に眠く、集中できない。F42でディアナに来てもらう。

「今回もハートにエネルギーを注入しますね。最近、何か変化はありましたか？」

「そう言えば、胸の真ん中が少し痛むことがあった」

「効果はゆっくりと出てきますよ」

その後、ずっとうとうとしていた。

同日12：10より

今回から青いシンプルなイスに座る。松果体の高さ下から3分の1、オーディオテクニカヘッドフォン、南向き。スターラインズⅡの「2度目のポータルルーム」を聴く。

F42へ。ヘルパーが「ポータルルームへ行きましょう。ディアナが来ます」と言う。

SSAX内を速い速度で移動していく。広い空間へ来た。

ナレーションがちょうどポータルルームへ着いたことを告げる。どんぴしゃりだ。

いくつも一人用の大型のソファが並んでいる。その1つに座る。

「今回はテレパシー的にお話ししましょう。そこへ姿を現しませんが、もうそろそろ、それでもいいでしょう」

ちょっと残念だが、それも仕方ない。

「今回もハートへエネルギーを流します。その間、暇でしょうからポータルルームの機能を使って好きな所へ行っていいですよ」

「それじゃ、今回はナル・ポイント（空）で発声練習します」

「はい、いいでしょう」

しばらく待つ。次第に暗くなってきた。ナル・ポイント（空）へ。

母音で発声練習をする。しばらくやってよくわからないので、今度は、古代エジプトへ行くことにした。

「ピラミッド内でファラオになる儀式をしている現場へ行きたいです。自分がトートのアシスタントをしたときのことを見てみたいです」

「いいでしょう」

意識を集中する。すると、一瞬眠ったような感じになった。

その間、聞いたことのない言語を誰かが言うのが聞こえ、自分はそれを通訳している。巻き舌のような、あるいは喉の奥で発する声のような変わった発声だ。トートの言う宇宙人語を訳しているのか。

次の瞬間意識が戻ると、もうその感覚はなくなった。この言葉は以前、大阪でヘミシンク・セミナーを行なったときに、あるセッションで2人の宇宙人と思しき存在がやってきたときに聞こえた言葉と似ている。

再度、この状態に入ろうとするがうまくいかなかった。

帰還。

この章でわかったことのまとめ

(1) M87はこの宇宙の中心的な存在である。アヌンナキは実はこの宇宙へ入る際にまずM87へ行った。そこで許可を得、さまざまな情報、DNAなどをもらい人類型生命体を作った。さらに、M87の意識集団の意識の一部ももらった。だから、アヌンナキたちとM87の生命体たちのいわばハイブリッド（混血）が我々なのである。
(2) 人の意識の9割は無意識である。無意識を明らかに知ることが第4密度へ移行するのに必要だ。無意識に潜んでいる部分を知るのであって、それを否定するのではない。人がネガティヴな感情を持ったり、行動をとったりする背景には無意識の影響がある。何がその元にあるのか、明らかにしていくことで、それを解放したり、それを癒すことが可能となる。

(3)このエネルギーを松果体に集中すれば知性が得られ、ハートに集中すれば愛のエネルギーが得られ、第2チャクラに集中すれば、性的なエネルギーで代表されるような生命・創造エネルギーの成分が得られる。ピラミッドの四隅と天頂から延びる線を意識して、エネルギーが焦点(下からに3分の1)に集まってくるとイメージする。

(4)ピラミッド内での実験を進めていくと、日常での問題がどんどん出てくる。ピラミッド内での儀式の最後にハートにエネルギーが入る段階で、さまざまな問題が出てきて、それに対峙する必要があった。そこを超えて初めて高い振動数に到達できた。

(5)ピラミッドを使って意識を高めるにはさまざまな方法がある。古代エジプトでは声を使った。ピラミッドの振動数と自分の声の振動数がちょうどオクターヴス違いだと、共鳴するが、高い振動数のエネルギーを低い振動数へ下ろすことができる。

(6)I/Thereは大きい。私の場合は、地球近傍だけでなく、オリオンでの生命体験、それから銀河系コア近くでの体験も含まれる。

(7)M87にアヌンナキたちがやってきて、そこでいくつにも分かれていろいろな領域に入っていったが、それらすべての生命表現の集合がI/Thereクラスターズである。

（8）レゾナント・チューニングをやるときに、まず低い声で地球のコアを意識する。次に少し上への第2チャクラを意識し、さらにみぞおちを意識する。さらにハートチャクラを意識する。声は徐々に上げて来てもいいし、それが難しいなら、地球コアで低い声、ハートで少し高い声にしてもいい。こういうふうにエネルギー管の中を意識を向ける位置を徐々に上げてくる。

（9）ホルスの杖は健康増進に大きな効果がある。陰陽のバランスをとる効果がある。

（10）生命エネルギーの陰陽は、物質界では電磁場の電場と磁場に相当する。生命エネルギーは電磁場を非物質界に拡張した概念だ。高次のものを5次元に下ろしたものが、アストラル界における電磁場、さらに4次元時空（3次元空間）に下ろしたものが、通常の電磁場だ。非物質である生命エネルギーは5次元では電場、磁場に相当するものがあり、それが互いに互いを生み出す。ちょうどこの4次元時空で磁場と電場が互いに相手を生み出すのと同じだ。

（11）地球コアから体内へらせん状に伸びる2本の管をイメージしてほしい。2匹のへびのように絡み合って昇ってきていると考えてもいい。それが体内を昇っていく。これが陰陽のエネルギーだ。これは5次元のエネルギー場であり、アストラル体内を昇っていく。

（12）心の奥深くにある、モンローがナル・ポイント（Ｎｕｌｌ　Ｐｏｉｎｔ）と呼んだところは、大いなるすべてへの入口である。ここのキーがわかれば、ここが開き、大いなるすべてとつながることができる。

(13)ナル・ポイントはフォーカスという概念には乗らない。フォーカス15や35などから到達できる。ここは仏教でいうところの空である。
(14)ここで、ある声を発すれば、大いなるすべてへの扉が開く。
(15)ナル・ポイント(空)は大いなるすべてとは薄皮一枚離れている。その薄皮を開けるのが、鍵となる声、真言である。
(16)般若心経は元々、真言《マントラ》を伝授するための経である。その真言とは、

掲諦　掲諦　波羅掲諦　波羅僧掲諦　菩提　薩婆賀
Gate　gate　paragate　parasamgate　bodhi　svaha
ガテー　ガテー　パーラガテー　パーラサンガテー　ボーディ　スヴァーハー

(17)この真言は釈迦の十大弟子のひとりで、智慧第一と称されたシャーリプトラ(舎利子)が、観自在菩薩(観音菩薩)から授かったものである。これは「智慧の完成」の真言であり、大いなる悟りの真言だという。ここで智慧とは「空」を理解する智慧だという。
(18)キーの声の振動数が大いなるすべての振動数に合致すると、ドアが開く。
(19)声に全身全霊を込めること。全身に響かせる。体の中心を走るエネルギー管が笛になったようにしてそれを震わせるのだ。そうすることで自分の振動数が声の振動数になる。
(20)般若心経に現れる観音菩薩はディアナである。般若心経の真言を唱えることで、意識の振動数が合致するようになる。何度も繰り返し唱えることで、次第にその振動数になる。古代のインド語だが、日本語のカタカナでもかまわない。私の場合は、唱える言葉は同じ

なくていい。もっと自分に合ったものを探すこと。
(21) ノイズキャンセリング・ヘッドフォンは自分の声が聞こえないので、声を響かせて鍵を開くという目的には適していない。ヘミシンク効果という点ではまったく問題ないが。
(22) ナル・ポイント（空）で声を出すことには、大いなるすべてがあなたの振動数を引き上げる作用もある。
(23) ナル・ポイント（空）は、この宇宙の外にある。だから、これまで体験してきた世界のすべてが幻想だという感覚を持つ。

10章 フラクタル・アンテナ付き大型ピラミッド（2010年2月の体験）

神聖な場としてのピラミッド

2010年2月2日（火）10：00より――凛とした状態

夜に雪が降った。朝は車に8センチほど積もった雪をお湯で溶かす。

イスは前回からシンプルな青いもの。松果体が3分の1の高さ。南向き。スターラインズⅡの「2度目のポータルルーム」を聴く。


今回は目的をナル・ポイント（空）で発声練習とする。

レゾナント・チューニングの前からトートのアシスタントをやっていたガイドと交信が始まる。


「古代エジプトでピラミッド内で儀式をやっていたときのことを想像してご覧なさい」

大回廊の中が見える。

「まず言えることは、これは神聖な儀式だったということ。だから、この場はとても神聖な場だったということがある。だから、**今実験に使っている場ももう少し神聖な場という意識をもって扱ってほしい**。あなたがそういうことを嫌う気持ちはわかるが、やはり、神聖な場という意識をもってほしい」

確かに私はそういうのがあまり好きでない。

「それから、凛《りん》とした意識を持つこと」

「あまり緊張すると、リラックスできないのではないのですか」

「体はリラックスさせる。でも、**意識は凛とした状態が好ましい**。**そのほうが意識が狭い周波数の範囲に収まるのだ**。**鍵を開ける際に、全身がひとつの振動数であることが必要になるからだ**」

卒業式とか、昔はそういう凛とした雰囲気があった。この言葉は今では死語に等しい。

F42へ。SSAS内へ。

ヘルパーが「今日はディアナは来ません。私が変わりにナル・ポイント（空）へお連れします」と言う。

断面が四角いトンネル内を進んでいく。

「はい、着きましたよ」

暗い空間に来た。ここで、発声練習をする。

「声と一体になるようにするのがコツです」

母音を順に発生する。とても声と一体にはならない。

しばし練習する。
ナレーションに従い、自分の個室へ行く。例のカウンターに来た。
待ってると、バーテンダーがグラスを出してくれた。黄色い透明な液体が入っている。
「全身を癒し、バランスするのにいいですよ」
飲み干す。
帰還。

同日11：00より
スターラインズの「F27復習」を初めの部分を飛ばしてF27から聴く。
F27の水晶へ。
自分が水晶内とピラミッド内に同時にいることを想像する。
特筆すべきことなし。
久しぶりに少しふらふらする。松果体のあたりが引き伸ばされてるような感じがする。

同日11：40より――こちらの世界では夢を見ている
スターラインズⅡの「2度目のポータルルーム」を聴く。

F42へ。茶色の網状パターンが見えてきた。I／Thereスラスターのパターンだ。かご状になっているようにも見える。

今回はよく見ると、単純なスパゲッティが交差しているような形ではない。何か、別のパターンが見える。絵文字のようなものがびっしりと一面にある。いぶし銀の背景に茶色の文字だ。それが球状の面に一面にある。ジグソーパズルのようにいくつもの形が合わさっているようも見える。それぞれのピースに絵文字が描かれているのだ。

この絵文字は以前、どこかの星の表面で見たことがあった。

「ディアナ、これは何ですか」

「これは宇宙的な文字ですよ。アーキタイプと言ってもいいです」

さっきまで見えていた絵文字が把握できなくなった。いつものスパゲッティになった。

「意識をどこに合わせるかで見えるものが変わってきます。今度フリーフローF42で探索してみたらどうでしょう」

次第に別のパターンに変わっていく。

「今あなたはSSASの内部へ入ってきたので、見えるものが変わってきたのです」

SSASの内部の様子が見えてきた。ロビーに来た。そのままポータルルームへ向かうようだ。

ディアナが言う。

「今回は私が愛してあげましょう。私の愛情の中にどっぷりと浸かってください。そういうふうに言うと変に聞こえるかもしれませんが、これまでと同じことをするのですが、表現を変えました。あなたは何もしなくてもいいですよ。好き勝手な妄想をしてもいいです。この中に浸っていればいいのです」

何か大きな空間の中にいる。

「ここはあなたの胎内ですか？」

「はい、そうです。ここで愛情に浸ることで、ハートが開き、ハートの知覚能力が高まります」

しばらくじっとしている。特に何か感じるわけではない。

「**あなたは夢の中にいます。それから目覚めることが必要です。この世界は夢の世界です**。ナル・ポイント（空）からこちらの世界は夢の世界、向こう側が目覚めた世界です。あなたは大きな存在から分かれて生まれた段階で夢の中へ生まれました。銀河系のコアのそばでのことです。早く夢から目覚めてくださいね」

帰還。

古来、こういうことは言われてきた。我々は夢の中にいて、そこから覚醒する必要があると。モンローの『究極の旅』（日本教文社）P232～241にも、これを体験したエピソードが詳しく書かれている。その一部を載せる。

…ことの次第を思い出してきたぞ…「全体」の一部だったんだ…ひとつ、またひとつと、部分があちこちに配置されていった…「全体」からとられて配置されたんだ…どこに？

それはよく見えない…興奮…新しい冒険にのぞむ喜び…ひとつ、またひとつと、私のまわりの者たちが配置されていったんだ…そして私の番がきた…もぎとられ…不安を感じ…そして「全体」は消え失せていた…何という孤独感…ひとりぼっちの私…「全体」に戻らなくては…意識が拡散し…眠りに落ちたんだ…眠りに…眠りって、何だ？　…意識を失うことだ、拡散してしまうことだ…そうだったんだ…

この本のこの部分を本当に理解するには、実際に自分で体験する（思い出す）しかないだろう。

この章でわかったことのまとめ

(1)　今ピラミッド実験に使っている場をもう少し神聖な場という意識で扱ったほうがいい。

(2)　意識は凛とした状態が好ましい。そのほうが意識が狭い周波数の範囲に収まるのだ。鍵を開ける際に、全身がひとつの振動数であることが必要になるからだ。

(3)我々は夢の中にいる。それから目覚めることが必要だ。この世界は夢の世界だ。ナル・

ポイント（空）からこちらの世界は夢の世界、向こう側が目覚めた世界。私は大きな存在から分かれて生まれた段階で夢の中へ生まれた。銀河系のコアのそばでのことだ。

11章　解明された覚醒への道筋

以上、フラクタル・アンテナ付きピラミッドでヘミシンクを聴いた体験について、2010年2月までを時系列順にお話ししてきた。

この体験を通して、いくつものことが明らかになった。それらについては各章の最後にまとめを載せたので、それを見ていただきたい。

それらの中で最も重要なことは、「覚醒」ということの意味と、「覚醒へ至る道」である。その道の最後の段階は、おそらくひと言で言うなら、「ピラミッドの中心で愛を叫ぶ」ということになるのかもしれない。

ただ、その前にしなければならないことがあると思われる。

まず、スターラインズに参加するなどして、フォーカス49か、それ以上を体験し、自分のI／There、I／Thereクラスター、I／Thereスーパークラスターのさまざまなメンバーを知るという体験が必要とされていると思われる。というのは、古代エジプトでは大ピラミッドの中でそれを行なっていたからだ。

さらに、地球コアとしっかりとつながることも必要だろう。

そういう段階を踏んだ上で、フラクタル・アンテナ付きピラミッド内で以下のことを行なう。
（1）ピラミッドの焦点（下の面から3分の1のところ）にハートまたは松果体が来るようにして（どちらがいいのかはまだわからない）、ナル・ポイントと呼ばれる意識状態へ移行する。
（2）そこで、鍵となる声を全身に響かせることで、全身がその振動数になる。鍵となる声の振動数は、大いなるすべてと同じ振動数またはオクターヴ（またはオクターヴス）違いの音である必要がある。ただし、ナル・ポイントで声を出し続けると、次第に振動数が合致してくる。
（3）そうすると、大いなるすべてへの扉が開く。
（4）この扉が開き、大いなるすべてへ出ると、この世界という夢から覚醒する。

ロバート・モンローとヘミシンク®

ラジオ番組製作会社の社長だったロバート・モンローはひょんなことから体外離脱を体験するようになった。ただ、当時そういう現象は一般には知られていなかったため、モンローは自分に起こる不可思議な現象を解明すべく、実験を始めた。試行錯誤の末、開発されたのがヘミシンクという音響技術である。当初は体外離脱を体験させる目的で開発されたが、それだけに留まらず、過去世体験、死後世界探索、知的生命体との交信、他生命系の探索など、意識探究のための優れた方法という位置づけになった。

ヘミシンク®とは、ヘミスフェリック・シンクロナイゼーションの略で、右脳と左脳が同調するという意味である。

これは、ヘッドフォンを通して右耳と左耳にわずかに異なる周波数の音を聴かせると、その周波数の差に相当する脳波が生じるという原理を用いている。

例えば右耳に100ヘルツ、左耳に105ヘルツの音を聞かせると、5ヘルツの脳波、つまりシータ波に相当する脳波が発生する。そのため、聴く人の意識状態をその脳波に相当する状態へ、再現性よく誘導することが可能になる。ただし、これはあくまでもそういう環境を提供するということであって、何が何でも無理やりその状態へ持っていくのではない。本人の意図が重要だ。

実際のヘミシンク®にはいくつもの周波数のペアがブレンドされている。

そのブレンドを適切に選ぶことで、聴く人の意識を覚醒状態、熟睡状態、瞑想状態などへ誘導できるようになる。

ほんの数十分聴くだけで、座禅などで瞑想する修練を積んできた人とまったく同じ脳波になったという報告もある。普通、座禅などで瞑想する場合、長時間にわたって意識を理想的な状態に保つことは難しいと言われている。このようにヘミシンク®は人の意識状態を望みの状態へ誘導することが可能であるばかりでなく、長時間にわたってその状態を保つことができる。

フォーカス・レベル

ヘミシンクを到達する意識状態にはさまざまな状態がある。それを区別するために、モンローはフォーカス・レベルという番号を導入した。覚醒状態をフォーカス1として、番号が大きくなるほど、物質世界から離れていく。代表的なレベルとしては以下がある。

フォーカス10：肉体は眠り、意識は目覚めている状態
フォーカス12：知覚の拡大した状態
フォーカス15：時間の束縛から自由な状態
フォーカス21：この世とあの世の境界領域
フォーカス23～27：死後世界

フォーカス34／35：地球生命系への出入り口、Ｉ／Ｔｈｅｒｅが存在
フォーカス42：Ｉ／Ｔｈｅｒｅクラスターが存在
フォーカス49：Ｉ／Ｔｈｅｒｅクラスターがつながって無限の海のように広がっている状態

I／There（アイゼア）とは

ロバート・モンローは、自分のすべての人生の総体をＩ／Ｔｈｅｒｅ（向こうの自分）と呼んだ。略称Ｉ《アイ》Ｔ《ティー》。こちらの世界（Here）に対して向こうの世界（There）にいる自分という意味だ。

『究極の旅』（日本教文社）11章・12章によれば、「各個人が持っている、前世、現世を含めたすべての人格の自分のこと」と定義される。何百、何千というさまざまな過去世、現世の自分の集合のことである。現世にもこの自分以外にも分身のような自分がいる。

同書によれば、「各人格はそれぞれ、個人としての認識力、精神、記憶を持つ、意識・感覚をそなえた存在」とのことだ。中には人類ではない別の生命体もいる。

Ｉ／Ｔｈｅｒｅは、一般的にはトータルセルフやオーバーソウルと呼ばれるものと類似の概念と考えられる。Ｉ／Ｔｈｅｒｅは時間を越えた存在である。そのため、それぞれの人格を過去世と呼ぶのはふさわしくないので、モンロー研では、他の生とか人格（Personalities）、生命表現（Life expressions）、側面（Aspects）と呼んでいる。

モンローは、I／Thereの中心部にいる代表的な存在たちを、EXCOM（エクスコム）と呼んだ。代表委員会（Executive Committee）という意味だ。自分を導く存在たちと考えていい。

I／Thereは自分の集合なので、本来形というものは持たないとも思われる。ところが、そこへ行くとさまざまな形が把握される。これまでに報告された例をいくつか紹介すると、

●スタジアム、コロシアム、円形劇場……すり鉢型で、側面に人が大勢並んでいる。その一人ひとりがI／Thereのメンバー。

●ディスク、円盤……光の点が並んでいて、それぞれがI／Thereのメンバー。

●宇宙船、UFO、宇宙ステーション。

●渦状銀河……無数の光の点から成る。それぞれの点はI／Thereのメンバー。

I／Thereはかなり高い意識レベルに存在する。モンローの番号付けによれば、フォーカス34／35と呼ばれるレベルに位置すると考えられる。ただし、他のフォーカス・レベルからもアクセスは可能である。

I／Thereクラスターとは

フォーカス42では、自分のI／Thereが他の多くの人のI／Thereとつながって

いるのが把握される。自分のＩ／Ｔｈｅｒｅとつながった自分と関連するＩ／Ｔｈｅｒｅの集団をＩ／Ｔｈｅｒｅクラスターと呼ぶ。この中には銀河系内のさまざまな天体にいる生命体たちも含まれる。

Ｉ／Ｔｈｅｒｅスーパークラスターとは

フォーカス49では、自分のＩ／ＴｈｅｒｅクラスターがいくつものＩ／Ｔｈｅｒｅクラスターとつながり、海のように広がっているとモンローは述べている。これをモンロー研ではスーパークラスターと呼ぶことがある。この段階までくると、この中にはお隣のアンドロメダ銀河やさまざまな銀河を探索している生命体たちも含まれる。このトップの存在たちはクラスター・カウンシルと呼ばれる。

スターラインズ・プログラム

モンロー研究所のヘミシンク体験プログラムのひとつ。フォーカス34／35、42、49、さらにその上を体験する。太陽系を離れ、太陽系近傍の星々や、銀河系近傍の銀河、さらにはおとめ座超銀河団内を探索し、自分のＩ／Ｔｈｅｒｅ、Ｉ／Ｔｈｅｒｅクラスター、Ｉ／Ｔｈｅｒｅスーパークラスターのメンバーを知っていくことで、自分を統合することを目的としている。フォーカス49でスターゲイトを超えていく機会がある。

スターゲイト

ここを通過すると一挙に高いフォーカスレベルへとジャンプできる特異点。銀河の中心コアなどにある。

地球外生命体

地球外の数多くの天体に生命体が存在する。それらは物質的な生命もあれば、非物質の生命もある。物質的な生命の場合、植物、魚、昆虫、爬虫類、哺乳類、鳥、人類など地球上で見られる生物もあれば、それ以外の形態も多い。

そういった生命体の中には地球近傍の非物質界（フォーカス34／35）に集まっているものも多数いる。彼らは我々のI／ThereやI／Thereクラスターのメンバーであることが多いようだ。彼らはこれから地球生命系で起こる一大事件を観察するため、あるいは我々を手助けするために来ているようだ。

バシャールとは

バシャールは、エササニという我々には知られていない、太陽系外の惑星に住む生命体である。実際には地球時間で300年後の未来から我々にコンタクトしてきてる。アメリカ人のダリル・アンカという人をチャネラーとして、「ワクワクして生きる」をメインコンセプトにメッセージを伝えている。

実は、バシャールは集合意識である。第4密度の肉体を持っているので、個体はあるが、それぞれの意識はつながっていて、集合意識を形成している。その中の何人かは、宇宙船で地球上空（米国のセドナ）に待機している。

バシャール自身は、我々が直接コンタクトすることを推奨している。バシャールにアクセスするには、黒地に黒の三角形（背景が少し青くなっている）をイメージすればいいとのことだ。

ダリル・アンカのウェブサイト
http://www.bashar.org/HOMEMAIN.html
にそのイメージが載っている。

あとがき

フラクタル・アンテナ付きピラミッドの中でヘミシンクを聴く実験をしていくことで、振動数を18万ヘルツまで高めるには、つまり「覚醒」するためには何をすべきか、かなりのところがわかってきたと思う。

ここで得られた情報は古来秘儀中の秘儀として、厳しい修行や儀式の末にふさわしいレベルへ到達したほんの一握りの人にだけ与えられたものだったらしい。

それが今回開示された。広く一般に知らしめていいということだ。それはそういう時代になったからということだろう。それだけ多くの人がそういう段階へ到達してきていると言えるのかもしれない。２０１２年を迎え、時代は急速に動いてきているのだ。

あとはここで開示された方法を実際に行ない、その効果を得て、実際に覚醒するという最後の過程が残されている。

ここからが実は最もたいへんなのかもしれない。何ごとも最後の詰めの部分がもっと時間がかかり、一番苦労するものである。何事をなす場合でも、９割が終わった段階は、道半ばと考えたほうが無難だ。

今度も実験を継続的に行ない、その結果について随時、報告する予定である。

実は出版社の企画で3月の初めにハワイ島に5日ほど滞在し、ヘミシンクを聴くことになっている。2009年10月に屋久島に行ったときもそうであったが、今回も何か深いわけがありそうだ。それについては、また別の機会に報告したいと思っている。

ウェブサイト&参考文献

モンロー研究所

The Monroe Institute, 365 Roberts Mountain Road, Faber, Virginia 22938-2317, USA
電話： 米国 (434)-361-1252
ウェブサイト： http://www.monroeinstitute.com/

株式会社アクアヴィジョン・アカデミー

住所： 千葉県成田市津富浦1228-3
電話： 0476-73-4114
ファックス： 0476-73-4173
ウェブサイト： http://www.aqu-aca.com

書籍

（1）ロバート・モンロー、「魂の体外旅行」（日本教文社）
（2）ロバート・モンロー、「究極の旅」（日本教文社）
（3）ロバート・モンロー、「体外への旅」（ハート出版）
（4）坂本政道、「死後体験」、「死後体験Ⅱ」、「死後体験Ⅲ」（ハート出版）

（5）坂本政道、「死後体験Ⅳ　２０１２人類大転換」（ハート出版）
（6）坂本政道、「楽園実現か天変地異か　２０１２年に何が起こるか」（アメーバブックス新社）
（7）坂本政道、「２０１２年　目覚めよ地球人」（ハート出版）
（8）坂本政道、「分裂する未来―ダークサイドとの抗争」（ハート出版）
（9）ダリル・アンカ、坂本政道、「バシャール×坂本政道」（ＶＯＩＣＥ）
（10）坂本政道、「アセンションの鍵　スーパーラブ」（ハート出版）
（11）坂本政道、「屋久島でヘミシンク」（アメーバブックス新社）
（12）坂本政道、植田睦子「ヘミシンク入門」（ハート出版）
（13）芝根秀和、「ヘミシンク完全ガイドブック」（ハート出版）
（14）ブルース・モーエン、「死後探索１～４」（ハート出版）

坂本政道　さかもとまさみち
モンロー研究所公認レジデンシャル・ファシリテーター
(株) アクアヴィジョン・アカデミー代表取締役

1954年生まれ。東京大学理学部物理学科卒、カナダトロント大学電子工学科修士課程修了。
1977年～87年、ソニー（株）にて半導体素子の開発に従事。
1987年～2000年、米国カリフォルニア州にある光通信用半導体素子メーカーSDL社にて半導体レーザーの開発に従事。2000年、変性意識状態の研究に専心するために退社。
2005年2月（有）アクアヴィジョン・アカデミーを設立。
著書に「体外離脱体験」(たま出版)、「死後体験シリーズ１～４」、「絵で見る死後体験」「2012年目覚めよ地球人」「分裂する未来」「アセンションの鍵」（以上ハート出版）、「超意識 あなたの願いを叶える力」（ダイヤモンド社）、「人は、はるか銀河を越えて」（講談社インターナショナル）、「体外離脱と死後体験の謎」（学研）、「楽園実現か天変地異か」「屋久島でヘミシンク」（アメーバブックス新社）、「５次元世界の衝撃」（徳間書店）、「バシャール×坂本政道」（VOICE）などがある。
最新情報については、
著者のウェブサイト「体外離脱の世界」（http://www.geocities.jp/taidatu/）と
アクアヴィジョン・アカデミーのウェブサイト（http://www.aqu-aca.com）に
常時アップ

開示された古代の英知
坂本政道　ピラミッド体験

平成22年４月12日　第１刷発行

著者　坂本政道
発行者　日高裕明

発行　ハート出版

〒171-0014　東京都豊島区池袋３－９－23
TEL03-3590-6077　FAX03-3590-6078
ハート出版ホームページ　http://www.810.co.jp

ISBN978-4-89295--673-7　　編集担当／藤川　印刷／大日本印刷